FRASES CÉLEBRES
DE JENNI

"Tal vez no soy la super mujer, tal vez no soy la mujer maravilla, pero soy INQUEBRANTABLE".

"Desde niña una persona muy importante me dijo lo siguiente: 'Atrévete a soñar. Piensa en grande, cree en grande' y lo hice".

"El chiste no es cuántas veces te caigas, pero cómo te levantas de caída en caída, nunca me he quedado viendo para arriba, no es mi costumbre". LTA: How many times

"Soy una chica normal de Long Beach. La que triunfó en un mundo de hombres".

"Cuando se me empezaron a cerrar muchas puertas, yo decidí demostrar que sí se podía. Yo era una divorciada, madre soltera de tres hijos en esos tiempos y de talla 12 —no la típica artista que un sello discográfico aceptaría".

"Dios me creó, mis padres me concibieron, pero mis fans me hicieron. Les estoy eternamente agradecida. Gracias por aceptarme tal como soy, con mis defectos y virtudes".

INQUEBRANTABLE

INQUEBRANTABLE

Mi historia,

a mi manera

Completado con Marissa Mateo

ATRIA ESPAÑOL

Nueva York   Londres   Toronto   Sídney   Nueva Delhi

Nosotros queremos dedicarles este libro a ustedes
Gracias no sólo por tomarse el tiempo de leer
la historia de la vida de nuestra madre, pero por permitirse
ser inspirados por una mujer que fue amada y admirada.

Un agradecimiento muy especial a los fans
de nuestra mamá, porque nosotros sabemos
que su vida no habría sido tan bendecida,
si no fuera por el amor y el apoyo que ustedes le brindaron.
Los queremos,
Los soldados de Jenni: Chiquis, Jacqie, Mikey, Jenicka y Johnny

Contenido

INQUEBRANTABLE

1

¿No eres tú la vieja de El Cinco?

Ahora estoy, entre luces hermosas,
mas cuando estaba sola,
sé que Dios me cuidó.

—De «Mariposa de Barrio»

Domingo 26 de enero de 1997.

La noche comenzó en El Farallon, un club popular en Lynwood, una ciudad en el condado de Los Ángeles, California. El Farallon es donde uno va a pasar el rato con sus amigos y a perderse en la música, olvidándose de todo por unas pocas horas. Ahí fue donde conocí a Juan López, mi segundo marido, después de que nuestras miradas se cruzaron en la pista de baile. Lo más importante es que El Farallon era donde muchos cantantes del género regional mexicano iniciaron sus carreras. Y fue donde decidí grabar el primer video musical de mi canción «La chacalosa».

Mi padre tenía una relación de negocios con Emilio Franco, el dueño de El Farallon. Franco nos dio permiso de grabar el video en el club antes de que las puertas se abrieran a las 9:00 pm. Mi padre, conocido por muchos como Don Pedro Rivera, era uno de los productores más reconocidos de música regional mexicana. Siempre había sido mi más grande apoyo, especialmente en esos tiempos cuando yo estaba luchando para darme a conocer. Él tenía planes de comprar tiempo comercial en radio y televisión para este video y promover «La chacalosa».

En ese entonces todavía no ganaba mucho dinero con mi música. No querían tocar mis canciones en la radio porque me negaba a ser la típica cantante latina. Debería haber sido más joven, más delgada, más calladita, más tranquila, más tonta. En la comunidad latina, las cantantes femeninas tenían que ser hermosas y flacas, y su música sin sentido. Las cantantes latinas eran vistas, no escuchadas. Pero yo no era una belleza. Decían que era gorda y que no podía cantar. Cantaba corridos pesados, ¡con ovarios!, y creo que esto intimidaba a los hombres. No había ninguna otra mujer cantando corridos. ¡Era lo mismo a una mujer rapeando! Decían que las mujeres no éramos lo suficientemente fuertes o auténticas para cantar sobre el mundo peligroso de los narcotraficantes. La gente en la industria trató de hacerme cambiar. «Si quieres tener éxito en este género», me dijeron, «tienes que hacer esto y lo otro». Un montón de mujeres se dejaban coger para que su música fuera tocada en la radio. ¡A la chingada con eso! Yo no lo haría. Quería triunfar a base de mi talento o no triunfar en absoluto.

En el tiempo en que estuvimos grabando el video de «La Chacalosa», yo trabajaba como agente de bienes raíces para mantener a mis tres hijos y a mí. La música era algo secundario. Juan López, el hombre con el que más tarde me casé, estaba cumpliendo una pena de prisión de siete meses después de ser acusado de contrabando de inmigrantes. Lo iban a dejar libre en tres semanas. Ya que yo no quería ir sola, mi hermana Rosie y su amiga Gladyz me acompañaban cuando salía por la noche a algún concierto de música. Esa noche se sentaron en el club, que estaba casi vacío, viéndome hacer varias tomas de la canción. Pensé que íbamos a terminar a las nueve, pero acabamos de grabar hacia las nueve y media. Los clientes empezaban a llegar a la barra. Antes de irnos pasé al baño. En cuanto salí de ahí, un hombre me agarró del brazo derecho para que le prestara atención.

—¿No eres tú la vieja de El Cinco? —dijo. El Cinco era el apodo de Juan. Hacia hoy en día aún puedo recordar claramente haber mirado los ojos verdes de ese güey mientras me jaloneaba del brazo. Me estaba haciendo encabronar y lo sabía.

—¡Déjame en paz, cabrón! —le dije mientras me alejaba, preguntándome cómo era que él conocía a Juan y por qué le importaba si yo era su mujer.

Recogí mis cosas y salí del club con Rosie y Gladyz. Tenía un poco de prisa ya que ellas estaban en la prepa y era entre semana. Quería llevarlas a casa lo más pronto posible para evitar problemas y para que siguieran dejándolas salir conmigo. Yo tenía pocos amigos, sobre todo porque Juan los asustaba con su pinche mal humor y sus majaderías. Ahora que estaba en la cárcel, yo andaba sola. Pasar el rato con las muchachas era divertido y me ayudaba a distraerme hasta que lo dejaron salir del bote.

Primero dejé a Gladyz en su casa en la avenida Walnut en la ciudad de North Long Beach y luego dejé a Rosie en casa de nuestros padres en Ellis Street, a pocas cuadras de distancia. Eran las 10:30 pm, así que nos salvamos del regaño. Una vez que me aseguré de que Rosie hubiera entrado, le subí el volumen a la música y me dirigí a casa. Yo vivía en la hermosa —y adornada de pandillas— ciudad de Compton. Como trabajaba de agente de bienes raíces, había invertido en una casa allí y decidí vivir en ella por un tiempo. No era el mejor barrio, pero yo estaba feliz de tener mi propio hogar. Ya me andaba por llegar a mi cama esa noche. Estaba cantando con mi cassette favorito, *15 Éxitos* de Marisela, mientras conducía por la autopista 91 oeste.

Cuando volteé a la derecha en la avenida Central, el carro detrás de mí me echó las luces. Mientras más se acercaba yo reducía la velocidad para ver si sabía quién era. No reconocía el pequeño carro deportivo de color blanco y no lograba ver quién manejaba. El conductor encendió sus luces otra vez. ¿Qué chingados? ¿Acaso estaba manejando demasiado lento? ¿O se me había olvidado poner la pinche señal? De repente, el carro aceleró al lado de mi Ford Explorer verde, con la clara intención de sacarme de la carretera. Fue entonces cuando me di cuenta de que no sólo una, sino *tres* personas estaban en el carro, y empecé a asustarme. Aceleré, con la esperanza de que sólo me estuvieran vacilando. No lo estaban, manejaban detrás de mí y luego aceleraban y trataban de sacarme del carril para que me estrellara contra los carros estacionados en la avenida Central. «¡Chingado! ¿Qué voy a hacer ahora?», me dije.

Me acercaba a mi casa en la avenida Keene y no quería que ellos supieran dónde vivía. Ya que Juan estaba preso, yo estaba sola con mis tres niños. Nuestra casa había sido robada apenas dos meses antes y se habían llevado todo. Así fue como los vecinos se dieron cuenta de que mi pinche hombre estaba en la cárcel y no estaba ahí para protegernos. Todo esto pasaba por mi mente mientras daba vueltas a la cuadra, rogando que esos güeyes desaparecieran mágicamente. Todo mi cuerpo estaba temblando. Por último, me detuve cerca de mi casa, aunque no frente a ella. «A lo mejor ya se largan», me decía a mí misma. ¡Qué mensa!

El carro se detuvo detrás de mí y pude ver que los hombres estaban listos para salir. No supe qué hacer y el miedo se apoderó de mí. Decidí que iba a huir. Me echaría a correr lo más rápido que pudiera, así como mis hermanos me enseñaron cuando éramos niños y jugábamos al beisbol.

Abrí la puerta del carro y me eché a correr con mis zapatos de tacón alto, gritando a todo pulmón. No miré hacia atrás. Podía oír sus botas corriendo detrás de mí. Corrí, grité más fuerte. Lloré. Oré para que alguien me escuchara. Si lo hicieron, nadie vino a mi rescate. Sus pasos casi estaban sobre mí. Mis tacones no me dejaban correr. De repente, sentí brazos fuertes agarrándome. ¡Me habían atrapado! Traté de luchar. Les di una patada y grité. No me iba a dejar así de fácil. Yo era la perra brava de Long Beach, la Rivera rebelde que nunca perdió una pelea.

Pero eran tres contra una. Uno de ellos se había quedado en el carro. Otro me tapó la boca con su mano enorme. El otro me arrastró por las greñas, jalándome por los brazos. Me echaron en el carro. Fue entonces cuando vi esos ojos verdes de nuevo. El mentón prominente. El cabrón del club.

Me violó en el asiento de atrás. Una y otra vez repitió las palabras que le había dicho en el club: «Déjame en paz, cabrón. Déjame en paz, cabrón». Se burlaba de mí en tanto me violaba. Mientras las lágrimas corrían por mi rostro, decidí no luchar más. Pensaba en mis hijos, tenía mucho miedo de que me fueran a matar y se quedaran sin mamá. Tal vez esos güeyes me dejarían vivir si me «comportaba». Sentí cómo poco a poco me estaba dejando vencer. Podía sentir cómo la fuerza abandonaba mi cuerpo y mi mente. Tenía miedo de que fueran a tomar turnos pero en cuanto el hombre terminó, le dijo a su amigo:

—Saca a esta puta de mi carro.

En silencio, al estrellarme contra la acera, le di gracias a Dios cuando me di cuenta de que ya se había acabado esa pesadilla. Pero el daño estaba hecho.

Me senté en el banquete, entumecida. No podía llorar. Me sentí aliviada por el simple hecho de estar viva.

En ese momento juré que nunca le contaría a nadie de esta vergüenza. Dicen que cuando tienes un secreto te come por dentro, pero pensé que era mejor así. Quería parecer fuerte delante de mis hijos y mi familia. No quería que nadie supiera de mi pena, y quería mantener mi identidad como Jenni, la Rivera rebelde que nunca había perdido una pelea. Pero en mis adentros sabía que había perdido un pedazo de mí misma que nunca recuperaría. Mi alma se había roto, pero tenía que hacer frente al mundo como se me había enseñado desde que era una niña: mantuve mi cabeza bien alta y seguí adelante. Era yo, después de todo, una Rivera.

2

Ser una Rivera

Que no hay que llegar primero
Pero hay que saber llegar.

—De «El rey»

Mi padre, Pedro Rivera, vino a los Estados Unidos por primera vez en los años sesenta. Él dejó atrás a mi madre, Rosa, y a mis dos hermanos, Pilly (Pedro) y Gus (Gustavo), en Sonora, México, prometiendo volver por ellos cuando tuviera el dinero. Se dirigió a California para buscar trabajo. Se arriesgó a cruzar la frontera ilegalmente con otros tres hombres en una jornada peligrosa, arriesgando sus vidas en el intento. Cuando llegaron a San Diego, los otros hombres querían descansar, pero mi padre es una de esas personas que siempre tiene que seguir trabajando. Si hay una cosa que él no sabe hacer, es descansar.

Mi padre dejó a sus tres compañeros durmiendo bajo la sombra de un árbol y se dirigió a la gasolinera más cercana. Le preguntó al empleado de la gasolinera si sabía dónde había trabajo. El hombre le dijo que se fuera a la ciudad de Fresno, a cinco horas de camino. «¡Está bien!», dijo mi padre. «¿Cómo llego para allá?». El hombre le

7

dijo que se fuera en el autobús Greyhound. El problema era que mi padre sólo tenía sesenta centavos en el bolsillo. El hombre fue muy bondadoso y le dio para su boleto de autobús y también un billete extra de 20 dólares. Hasta el día de hoy, mi padre llora cuando recuerda ese momento. Le cambió la vida.

Mi padre se fue a Fresno, donde comenzó a perseguir el sueño americano. Trabajó en el campo, en la pizca de uvas y fresas. Durante los primeros meses, vivió con unos amigos que había conocido allí. Por fin ahorró lo suficiente para alquilar un pequeño departamento y echó a andar sus planes de regresar a México por mi madre y mis hermanos.

Pero mientras estaban en México, a punto de partir a los Estados Unidos, mi madre quedó embarazada de mí. Tenía veinte años y tenía mucho miedo. Estaba a punto de venir a este nuevo país donde no hablaba el idioma, no tenía dinero y además, ya tenía dos niños pequeños. ¡Lo último que quería o necesitaba era otra boca que alimentar! Así que intentó, de cualquier manera posible, abortarme. Se bañó en agua muy caliente. Movió el refrigerador y otros muebles pesados de un lado a otro, para ver si con el peso y el esfuerzo se le salía la criatura. Bebió tés y otros remedios caseros que sus amigas le recomendaron. Nada funcionó. Muchos años después cuando sentada en la mesa de la cocina, le confesaba a mi madre que estaba a punto de renunciar a la vida, ella me contó esta historia. Dijo que en ese entonces supo que yo era una guerrera, que siempre sería una guerrera.

Nací el 2 de julio de 1969, en el hospital de UCLA, la primera Rivera que nació en territorio estadounidense. El hospital era nuevo y tenía un programa gracias al cual sólo costaba 84 dólares parir ahí. ¡Gracias a Dios!, pues mis padres no tenían seguro de salud. Cuando era niña, mi padre siempre me decía que era la criatura más barata de la familia. Me pusieron el nombre de Dolores, como mi abuela materna. Mi segundo nombre iba ser Juana, como mi abuela paterna.

Dolores Juana. ¿Te imaginas? ¡Qué nombre más horrible! Mi madre tuvo el buen sentido de decir:

—No podemos hacerle eso. ¿No hay una versión en inglés de Juana que podamos usar? O ¿qué tal el nombre de tu prima, Janney? —Por fortuna mi padre estuvo de acuerdo y fui bautizada Dolores Janney. Aún así, no es el nombre más hermoso del mundo. Nunca dejé que mis padres se olvidaran de que me habían hecho una mala jugada.

—¡Yo era una criatura! ¿Cómo se les ocurrió darle a una niña el nombre de una mujer adulta? —preguntaba yo.

Nunca usé el nombre Dolores (aunque cuando mis hermanos me querían hacer encabronar, así es como me llamaban, o Lola). De niña, siempre fui Janney o Chay.

Era una niña pelirroja de piel clara. Mis padres me dijeron que cuando me trajeron a casa mis hermanos mayores, que tenían cinco y tres años de edad, al instante se enamoraron de mí. A Pilly y Gus se les pidió que me protegieran y me cuidaran. Yo era «la reina de la casa» y «la reina de Long Beach», como decía mi padre. Si algo malo me pasaba, mis hermanos la pagarían. Así que mis hermanos me trataban como si fuera otro varón. Como tenían que protegerme, me enseñaron a ser chingona y defenderme a mí misma.

Mis padres se las vieron bien difíciles esos primeros años. Nos trasladaron de Culver City a Carson, a Wilmington y luego a Long Beach porque seguido nos echaban a la calle. Mi madre le dijo a mi padre que no habría más hijos hasta que ella tuviera su propia casa. Entonces compraron la casita de dos habitaciones en la avenida Gale, cerca de la calle Hill en West Side Long Beach. La zona era famosa por las guerras de pandillas, pero era el primer lugar donde los Rivera finalmente tuvieron una parcela de tierra en los Estados Unidos que pudieron llamar suya. Era nuestro hogar.

Yo tenía casi dos años cuando estrenamos casa y mi madre muy ló embarazada de su cuarto hijo. Poco después recibió que su padre se estaba muriendo en México. No podía erlo porque no había dinero y porque en su estado no se podía arriesgar a cruzar la frontera de nuevo. Uno de los dilemas de perseguir el sueño americano es que uno sacrifica la posibilidad de alguna vez volver a ver a los amigos y familiares que se quedaron atrás. En aquel entonces no me di cuenta de lo difícil que era para mi madre vivir en este nuevo país, luchando para salir adelante, con tres niños pequeños y otro en camino. Pero, ¿cómo iba yo a saber? Ella nunca nos dijo que algo andaba mal. Mantuvo la cabeza en alto y actuó como si todo estuviera bien, así que nosotros también hicimos lo mismo.

Mi madre me hacía frotarle el vientre para que fuera conociendo a la niña que estaba en camino. Ella quería darme una hermanita para que pudiéramos crecer juntas y ser amigas de toda la vida, al igual que ella y sus hermanas. ¡Sería perfecto! Dos niños y dos niñas. Pero los deseos de mi madre no se cumplieron. Tuvo un niño con enormes ojos marrones y lindos labios. Lo llamaron Guadalupe Martín Rivera, y nació el 30 de enero de 1972.

Cuando Lupe era una criatura, yo no quería tener nada que ver con él. Cuando lloraba, mi madre me decía:

—Janney, ¿puedes calmar a tu hermano? —A regañadas iba a la cuna y le daba palmaditas en la espalda. Yo le decía: «No ores, no ores», del verbo orar, y lo que estaba tratando de decir era: «¡No llores!», pero no podía pronunciar la *ll*. De todos modos, no importaba lo que le decía, él nunca me hizo caso. Seguía llorando. Me frustraba y me largaba del cuarto gritando:

—¡Ora pues!

Y así fue más o menos como siempre fue nuestra relación. Debido a que teníamos casi la misma edad, hubo un lazo especial entre ambos. Nos frustrábamos y nos torturábamos el uno al otro (yo

acostumbraba encuerarlo y dejarlo fuera de la casa), pero al fin de
cuentas éramos hermanos.

Mi nuevo hermanito era un niño bien chulo con un encanto especial. Mi madre siempre decía que aunque Lupe se parecía a mi padre,
con el mismo tipo de cuerpo y carácter, se parecía más a los hermanos de ella, que eran bien guapos, especialmente mi tío Ramón. A
veces pienso que esta era la razón por la cual Lupe era el favorito de
mi madre, o al menos eso es lo que todos opinábamos. Él siempre
recibía mucha atención de ella y de todos nosotros, porque él fue el
bebé en la familia durante mucho tiempo. Fue el rey por seis años
hasta que mi madre quedó embarazada otra vez.

Para ese entonces yo tenía nueve años, ¡y estaba harta de tantos
pinches niños! Le dije a mi madre:

—Más le vale que tenga una niña —Y el día que se fue al hospital a
parir le advertí—: Si usted no tiene una niña, no se moleste en volver.

Y lo que parió fue otro escuincle varón, ¡que pesó nada más y
nada menos que diez libras! (4.5 kilos).

Mi madre llamó a la casa y me dijo:

—Mija, lo siento, pero el hospital a donde fuimos solamente tenía
niños.

—Entonces, ¿por qué no se fue a otro hospital diferente? —le
grité.

—Estaba demasiado lejos. No tuvimos tiempo.

—Esa no es una buena razón. ¡No vuelva! —le dije, y colgué el
teléfono.

Dos días más tarde regresó a casa con un bulto en sus brazos: mi
hermano Juan. Lupe no lo quería tampoco. ¿Cómo se atrevió alguien
a quitarle el título de bebé de la familia? Lupe ni siquiera lo miraba,
pero yo finalmente cedí y dije:

—Está bien. Déjenme verlo.

Mi madre se arrodilló y quitó la cobija.

Vi una carita chiquita y hermosa. Me quedé completamente enamorada.

—¡Es precioso! Voy a llamarlo «carita de ángel».

—¿Así que nos podemos quedar con él? —preguntó mi madre.

—¡Claro que sí!

Era tan perfecto que por supuesto que lo perdoné por ser varón,
a pesar de que yo seguiría siendo la única mujer en una familia de
cuatro hijos. Nunca jugué con muñecas porque mis hermanos las
habrían arruinado si lo hubiera intentado. Por un tiempo, mi madre
me compraba una nueva muñeca cuando se podía dar el lujo, pero
después de un día o dos mis hermanos le arrancaban la cabeza o
los brazos. Me escondían las muñecas o las enterraban en el patio
trasero. Mi madre me preguntaba dónde estaban, pero yo nunca le
decía. Nunca nos echábamos de cabeza entre nosotros. Eso era un
acuerdo mutuo. En vez de muñecas, le pedía carritos y canicas a mi
madre, igual que los muchachos. Un año en particular hasta le pedí
una cortadora de zacate. Aprendí a jugar beisbol, como los niños. Y
aprendí a luchar, defenderme a mí misma y a no aguantar chingaderas de nadie, igual que los muchachos.

Cuando cumplí los once años, mi madre quedó embarazada de
nuevo. El 2 de julio de 1981, el día en que cumplí doce años, tuve mi
fiesta de cumpleaños. No era exactamente una gran cosa ya que los
únicos invitados eran mis padres, mis hermanos y dos niñas del barrio. Yo siempre era la *nerd*, la come libros, así que no tenía muchas
amigas para invitar. Estábamos a punto de cortar el pastel cuando
a mi madre se le rompió la fuente. Todos corrieron para sacarla por
la puerta mientras yo me quedé allí con mi pastel y pedí mi deseo
de cumpleaños. «Por favor, Diosito, tráigame a una hermanita», le
supliqué. Horas más tarde sonó el teléfono. ¡Mi deseo se me había
cumplido! Por fin me llegó una hermanita de verdad, una muñeca
que mis hermanos no podían destruir. Hasta ese momento, Rosie fue

el mejor regalo de cumpleaños que Dios jamás me hubiera dado. Yo adoraba a Rosie como a nada en este mundo y la chiquiaba en todo lo que podía. Cuando era niña, ella odiaba cepillarse el pelo y vestirse, y hacía que mi madre se encabronara. Yo le decía:

—Déjela que ande en cueros. ¿Y a quién le importa si trae las greñas enredadas? Lo que importa es que ella esté feliz.

Yo era su protectora y ella era mi sombra, me seguía a dondequiera que yo fuera. Me propuse protegerla de todo mal y darle todo lo que yo no tuve cuando era niña.

Crecimos en West Side Long Beach, el lado que estaba racialmente dividido, lo cual significaba que pelear era parte de la vida diaria. Era la única manera de sobrevivir en el barrio. Desde muy joven recuerdo haber visto los pleitos pandilleros en las calles. También recuerdo cómo trataban y perseguían a las muchachas en el barrio.

En mi primer día de clases en la escuela primaria Garfield vi cómo los niños perseguían a las niñas, y cuando ellas se inclinaban para tomar de la fuente de agua, ellos las agarraban por la cintura y hacían como que se las estaban cogiendo por detrás. Se parecía mucho a lo que los perros le hacían a las perras en nuestro vecindario. ¡Qué asco! Que las muchachas no hicieran nada al respecto lo hacía aún peor. Me dije que si algún chamaco trataba de hacerme eso a mí, le partiría su madre, así como mis hermanos me habían ordenado.

Cuando estaba en primer grado, Arturo, el niño que me gustaba, me preguntó si estaba bien si me metía la mano por debajo del vestido. Su padre le había dicho que era por eso que las niñas llevaban vestidos y faldas. Ese fue el final de mi flechazo con ese baboso y fue la última vez que llevé vestido a la escuela. Por años, mi madre se quejó de mi ropa de niño, pero nunca le dije por qué me negué a usar faldas y vestidos. Pero sí les dije a mis hermanos mayores, Pilly y Gus, sobre la pendejada de Arturo. Me advirtieron que no querían escuchar de sus amigos que a su hermana se la «agasajaban» los muchachos en la escuela.

—Si vamos a oír rumores, es mejor que sea que te los madreaste, ¡o que les diste una patada en los huevos! —me advirtieron—. ¡Y no te atrevas a venir llorando a casa, tampoco!

Me acordé de sus palabras una tarde cuando caminaba de la escuela a la casa con mi madre y Lupe. Yo tenía nueve años y mi hermanito tenía siete. Mi madre llevaba de la mano a Lupe y yo caminaba a su lado. De repente sentí una mano tocándome las nalgas y luego moverse hacia arriba. Me di la vuelta para enfrentarme a Cedric, un muchacho de raza negra que vivía en el barrio. Ni siquiera lo pensé dos veces. Fui veloz. Todo lo que mis hermanos me habían enseñado de la lucha libre lo puse en práctica ese día. Lo agarré de sus rizos de Michael Jackson y lo aventé contra el suelo, me senté en él y me puse a darle de madrazos. Podía oír a Lupe echándome porras y a mi madre gritando que parara. ¡No lo pude hacer! Me estaba gustando.

—Pídeme perdón, pendejo —le exigí. No dejé de golpearlo hasta que se disculpó.

Cuando me levanté, Lupe gritó:

—¡Ahora písale los huevos!

Y así lo hice.

Me gané la reputación de «la niña que se madreaba a los niños». Pero también peleaba con las muchachas de vez en cuando. Yo era una peleonera que no discriminaba a nadie por su sexo, raza o religión. Creía en la igualdad de oportunidades. Mi padre y mis hermanos estaban encantados. A veces cuando una pelea empezaba, uno de los muchachos corría a nuestra casa con el pinche chisme. Le decía a mi familia:

—¡Chay está peleando! Vayan para fuera —Mi padre salía corriendo con mis hermanos, y todos ellos iban súper emocionados. Mi madre corría para afuera con Rosie, con el bendito en la boca. Ella gritaba y rogaba que alguien parara la pelea, pero mi padre no dejaba que nadie se metiera.

—Déjala que aprenda a defenderse —decía.

Yo no era una muchacha busca pleitos. Yo era una niña *nerd*, una estudiante aplicada que traía a casa puras «A», y casi siempre me llevaba bien con todos, pero si un güey me tocaba las nalgas, ¡pobre de él! Me daba la vuelta y le daba un madrazo en el hocico, lo tiraba al suelo y me lo madreaba. Nadie me iba a tocar las nalgas y salirse con la suya.

Y eso fue precisamente lo que inició el gran drama de 1983.

Una tarde a principios de noviembre, yo podía oír a mi madre gritarle a mi padre:

—Ya basta, Pedro. Ya no aguanto a Janney. Ya perdí cuenta de las veces que he tenido que recogerla de la escuela por pelear. ¡Es tan vergonzoso!

Mi madre estaba furiosa. Ella estaba en la cocina calentando las tortillas para la cena de mi padre. Él estaba sentado en el comedor, escuchando las quejas mientras comía. Yo estaba en mi cuarto, mirando todos los carteles de Menudo que había pegado en las paredes. Me encantaba pasar tiempo allí con Rosie y decirle que un día le iba a dar un beso de lengua a Ricky Meléndez hasta que mis labios se quedaran pegados en sus frenos, ¡como si realmente ella pudiera entender lo que estaba yo diciendo a sus dos años!

Mi madre no tenía para cuando.

—Nadie se sorprende si una madre va a recoger a la escuela a un hijo pandillero que a cada rato se mete en problemas. Pero ¿con quién salgo yo de esa oficina? ¡Con mi hija! Esta vez se pasó. Esta vez se metió en una pelea con un chamaco de raza negra y ha creado un problema racial en la escuela. Todo el mundo está hablando de eso y se ha hecho todo un lío que los administradores de la escuela ya no pueden manejar. Mañana van a decidir si será expulsada. ¡Qué vergüenza! Yo no voy a dar la cara esta vez.

Rosie me miró. Hasta ella sabía que mi madre estaba encabronada conmigo y algo grave iba a suceder. Tenía sus hermosos ojos castaños llenos de miedo. Le puse un dedo en los labios y le pedí que se callara. No quería perderme la respuesta de mi padre.

—Tú no te quejas tanto cuando vas a las asambleas de reconocimientos y ella recibe sus premios por ser una estudiante excelente, ¿verdad? —dijo—. Te llenas de alegría cuando recibes los avisos en el correo diciendo que tu hija es la única joven hispana en la lista de honor, ¿no es así? No creo que debas ser tan dura con ella cuando se mete en un pequeño problema.

—¡Un pequeño problema! —gritó mi madre—. ¿No me escuchaste cuando te dije que lo más probable es que la expulsen?

—Conozco a mi hija. Estoy seguro de que tenía motivo para partirle la madre a ese cabrón.

«¡Ese es mi apá!», me dije. «Él siempre me respalda».

Entonces, ¿qué había pasado exactamente? El día de Halloween de 1983, un muchacho negro me tocó las nalgas y me di la vuelta y le di un madrazo en el hocico. Él me lo devolvió y me rompió el labio. Eddie, un amigo mío que vivía en la misma calle, lo vio todo. Eddie hizo lo que cualquier otro muchacho de nuestro barrio habría hecho: le partió la madre al güey. Así eran las cosas en el barrio. Nos cuidábamos el uno al otro. Los mexicanos defendían a los mexicanos. Además, era una muchacha a la que habían golpeado. Fue en ese momento que inició todo. La guerra racial en la secundaria Stephens había comenzado. Los negros contra los mexicanos. En pocas semanas se convirtió en un problema por toda la ciudad. Agarraron a negros y a mexicanos en pleitos en todas las secundarias y preparatorias del área. Había peleas por las calles de la ciudad, especialmente en el lado oeste. Todo esto sucedió por tocarle el trasero a una muchacha. Y no fue cualquier trasero. Fue el trasero de Janney Rivera.

Fui a la escuela al día siguiente preguntándome qué harían conmigo. Tenía un presentimiento de que no me iban a dejar terminar el noveno grado con mis mejores amigas: Ruby, Alma y el resto de la «clika». Los consejeros y las personas que tomaban las decisiones en nuestra escuela eran de raza negra. ¿Qué importaba que yo fuera una estudiante con calificaciones perfectas y en la lista de honor? Lo que les importaba era que una mexicana se había atrevido a meterse con uno de los suyos. Como me lo imaginé, esa mañana me echaron de la escuela. Y, por supuesto, mi padre se sintió orgulloso y vino a recogerme. No hablamos de lo sucedido camino a casa. Al contrario, mi padre tocaba la radio del carro a todo volumen mientras escuchábamos a Vicente Fernández cantar «El Rey». Nos detuvimos en nuestro lugar favorito: 31 Flavors. Me compró un helado de Jamoca Almond Fudge en un cono de azúcar, como premio.

Me trasladaron a la secundaria Bancroft en Lakewood Village para completar el resto de mi noveno grado. Académicamente seguí siendo una estudiante ejemplar. Mi forma de ser, sin embargo, era otro rollo. Me encontré rodeada de gringas que se preocupaban más por su apariencia que por ser chingonas. Pronto quise ser, y mirarme, más femenina. Mi madre se puso feliz al ver que su hija estaba mirándose y actuando como toda una señorita, así como ella siempre había querido.

El cambio también me trajo algo a lo cual yo no estaba acostumbrada: la atención de los muchachos. Mis padres no estaban acostumbrados a eso tampoco. En Stephens yo había sido una *nerd*. Mis amigas eran todas hermosas y ellas eran las que siempre llamaban la atención de los muchachos. Me consideraban el ratón de biblioteca al que todo el mundo respetaba, pero no era la joven a la que los muchachos pretendían. En Bancroft, este ya no era el caso.

De repente quería ponerme los mismos pantalones Jordache, Vans y los zapatos Nike Cortez que las otras muchachas llevaban. Se lo comenté a mi madre y ella me dijo que el dinero no lo permitía. Durante años hizo sus compras en la tienda Corazón Púrpura, una tienda de ropa de segunda mano en West Side Long Beach. ¡Yo ya no lo aguantaba! Pero con seis hijos no era fácil vestirnos a todos y si yo quería comprar ropa cara, tendría que pagar por ella yo misma. La cosa era que ella no me permitía trabajar durante el año escolar. Sacar buenas calificaciones era lo más importante en nuestra casa. Tendría que esperar hasta las vacaciones de verano para trabajar y ahorrar para mi nuevo vestuario.

El dinero no rendía en mi familia. No sé en qué tipo de persona me habría convertido si mis padres no hubieran tenido que apretarse el cinturón. La falta de dinero y el hecho de que fuéramos una familia tan grande obligaron a mis padres a trabajar sin parar para darnos un futuro mejor.

Mi padre siempre nos decía que en esta vida teníamos que trabajar más duro, por más tiempo y ser más inteligentes que todos los demás si queríamos ser exitosos. Nos hablaba de cómo alcanzar el sueño mexicoamericano. Sí, mi padre me enseñó que no había sólo un sueño americano. En una nación de inmigrantes, hay un chingo de versiones del sueño: el sueño mexicoamericano, el sueño afroamericano, el sueño cubanoamericano, etc. Yo siempre he pensado que es una hermosa lección, y como tal siempre la he llevado conmigo a través de los años.

Mucho de lo que aprendí de mi padre se quedó en mí para siempre. Él era un inconformista. Un soñador. Siempre quería más. Cuando empezaba un nuevo trabajo, siempre fue un excelente empleado para sus superiores. Quería ser conocido como el mejor en todo lo que hacía. Deseaba llegar hasta arriba y siempre lo logró. Durante los años siguientes, yo escuchaba dentro de mí su voz amorosa pero firme mientras me dirigía a mis diferentes trabajos. Esa voz está todavía grabada en mi mente,

—¡Levántense, niños! Vayan a ver qué hacen. No los quiero ver dormidos después de que salga el sol. No me importa que no sea un día de escuela. No quiero que gente *huevona* viva en mi casa. Despierten, a limpiar la yarda, a recoger las hojas, a recoger la caca del perro, a lavar las paredes. Pregúntenle a su madre si necesita ayuda. ¡Hagan algo! Si no pueden encontrar algo que hacer, pues levántense y *piensen*. Pongan su mente a trabajar. La clave del éxito en la vida es levantarse temprano.

Los hombres que han estado en mi vida han dicho que soy imparable, nocturna o simplemente que estoy loca, o, como dijo uno de ellos: «¡una pinche máquina!». Esos hombres nunca entendían por qué yo no me podía quedar en la cama con ellos, incluso hasta cuando no tenía escuela, trabajo o cualquier otra cosa que hacer. Nunca entendí por qué querían que estuviera echada allí como un pinche burro *huevón*, como ellos. Simplemente no estaba en mí ser así. Mi padre se encargó de eso.

Hasta el día de hoy, hago lo mismo con mis propios hijos. Por la mañana voy a cada una de sus habitaciones aplaudiendo como una loca:

—¡Es hora de levantarse, niños! ¡A encontrar algo que hacer! El sol ya salió, ¡y los está esperando! —Odian que les haga eso.

—Mamá, ¿qué te pasa? ¡Vuelve a la cama! —me dice Chiquis mientras se vuelve a echar las colchas encima, tratando desesperadamente de ignorarme.

Entonces Michael grita desde el otro lado del pasillo:

—Sé una diva de verdad. Despiértate a la una de la tarde y deja que tus hijos hagan lo mismo.

Yo les digo que le echen la culpa a su abuelo.

La ética de trabajo de mi padre se convirtió en mi ética de trabajo. Cuando yo era niña, lo acompañaba al tianguis, *swap meet*, en la ciudad de Paramount y trabajaba en su puesto de discos o en la taquería. En todos los trabajos que he tenido siempre me aseguré de llegar a tiempo y hacerlo lo mejor posible. En mi primer trabajo en la fábrica de bolsas me levantaba a las cuatro de la mañana para estar en la fábrica antes de las seis. En mi trabajo de mesera en el restaurante Golden Star, en el Kentucky Fried Chicken y en Video One, trabajé con pasión. Como mi padre.

He aprendido tanto de mi madre como de mi padre: las lecciones de ella, sin embargo, eran muy diferentes. A mi madre, Doña Rosa o Chamela, como yo la llamaba para que me prestara atención (¡que todavía le molesta y me encanta!), no le gustaba que yo acompañara a mi padre a sus clases de canto cuando yo tenía diez y once años de edad. Ella prefería que estudiara en mi cuarto y jugara con otras niñas en el barrio. Pero yo no tenía ningún interés en jugar con pinches Barbies. Prefería ir a las lecciones de canto de mi padre con la maestra Franco en Echo Park, o a los concursos de canto alrededor de Los Ángeles. Eso no le parecía a mi madre, sobre todo porque muchas de las competencias se llevaban a cabo en bares. Ella opinaba que estaba perdiendo mi tiempo. Quería que yo usara mi cerebro; sabía que su hija podía ser doctora, abogada, profesora, cualquier cosa que me diera un certificado o un título. Esa era su idea de lo que significaba triunfar en los Estados Unidos. Sabía que mis buenas calificaciones eran mi boleto para un futuro mejor.

Mis padres tuvieron muchas peleas por esto. Por supuesto que mi padre quería que yo fuera reconocida como la mejor estudiante, pero siempre le recordaba a mi madre que también tenía talento para el canto.

—Un día mi hija puede ser como Lucha Villa, Lupita D'Alessio,

Rocío Dúrcal, y todo el resto de las cantantes —decía daddy—. Estoy seguro de que así será su futuro. Ella lo trae en su sangre, Rosa Amelia. Siempre hablas de que quieres que sea una académica, pero siempre eres tú la que en las fiestas de la familia la pones en medio de los invitados a cantar y bailar. Yo voy a ser feliz con lo que mi reina quiera ser, pero deja de ir contra su talento. Nadie puede. Tiene demasiados huevos como para hacer algo normal en esta vida. Por una razón Dios le dio a ella y al resto de mis hijos un talento. Cantar es su destino. Un día te acordarás de mis palabras. Ya verás.

Mi madre lo ignoraba para poner fin a la discusión, pero cuando estábamos a solas en la cocina haciendo de comer o lavando los platos, ella seguía con sus enseñanzas.

—Hagas lo que hagas, mija, tienes que ser la mejor. Sé diferente a todos. Destácate. Donde quiera que vayas asegúrate de dejar huella. Eres mi primera hija. Por favor, trata de hacerme feliz y sé alguien en la vida. Sé que tu padre quiere que seas una artista famosa y exitosa, pero esa es una carrera muy difícil, especialmente para las mujeres. He oído cuentos de lo que pasa en esa industria sucia. ¡Son puras cochinadas! Es mejor ser psicóloga, como lo hemos platicado.

Desesperadamente quería que mi madre se sintiera orgullosa de mí. Me encantaba llevarle mis boletas y premios por ser una estudiante excelente, pero también quería que mi padre se sintiera orgulloso de mí. Sus voces sonaban constantemente en mi cabeza:

«Dios te dio un talento por una razón».

«Sé diferente a todos. Destácate».

«Por favor, intenta hacerme feliz y sé alguien en la vida».

«Cantar es tu destino. Un día te acordarás de mis palabras».

«Hagas lo que hagas, mija, haz lo mejor».

3

Subir al escenario

Por eso desde hoy mismo te digo
que sigas tu camino.

—De «Besos y copas»

Yo tenía once años de edad y estaba sentada con mi padre en La Tormenta Nightclub en Los Ángeles para otro concurso de canto. Humberto Luna, el locutor más famoso en los Estados Unidos en esa época, fue el maestro de ceremonias. Esa noche yo era la única concursante que era hija de uno de los doce concursantes. Cuando llegó mi turno, me subí al escenario, que en realidad era la pista de baile, y el mariachi estaba listo para tocar mi canción, «Besos y copas». Había sido uno de los grandes éxitos de Chayito Valdez e, irónicamente, había sido mi madre la que me la enseñó. Estaba indecisa entre esa canción o la de Chelo, «Mejor me voy», que también era una de mis favoritas.

Pero por alguna razón me decidí por «Besos y copas». Mi padre me dio todo su apoyo y me dijo, como siempre, que podía lograr todo lo que me propusiera, pero esa noche me acuerdo de que casi me cagué de miedo. Tomé el micrófono con ganas de que la noche ya se terminara. Cuando empezó la música, me entró el pánico y se me olvidó la letra de la canción. Ni siquiera estaba a la mitad cuando salí corriendo del escenario y escuché voces en mi cabeza que me decían «tú no sirves para cantar». Pasé el resto de la noche sentada al lado de nuestro carro en el estacionamiento.

Cuando el concurso terminó, mi padre llegó y me encontró. Estaba más encabronado que un toro. No estaba acostumbrada a sus gritos y regaños. Siempre fueron mis hermanos quienes tuvieron que hacer frente a ese lado de mi padre, nunca yo. ¡Pero cómo me fue esa noche!

—Pensé que habías dicho que estabas preparada para esto, Janney. Siempre hay que estar preparado para todo lo que uno hace en la vida. No te metas en cosas para nada más hacer el pinche ridículo. Saliste corriendo de allí como si estuvieras asustada. ¿Es eso lo que te enseñé? ¿No que muy chingona? ¿Dónde está la guerrera en ti? ¿Dónde están tus huevos? —siguió y siguió. No paró de regañarme una vez que nos metimos al carro. El viaje a casa fue eterno. Al dirigirnos hacia el sur sobre la autopista 710, pensé que nunca llegaría la salida de la calle Willow.

No paró de regañarme. Para cuando llegamos a West Side, Long Beach, yo ya había decidido que si el hecho de que yo cantara provocaba que mi padre me gritara, ya no quería hacerlo más. No estaba acostumbrada a su ira y no lo iba a dejar pasar por alto. Esa noche se enteró de que no sólo tenía yo su carácter y personalidad, sino su valor y actitud también. Me volví y lo miré:

—Nunca he tenido miedo de nada, apá. Así como no tengo miedo de decirle que no voy a volver a cantar jamás. No quiero seguir en este juego de música que a usted le gusta. ¡No más! Nunca me voy a acercar a un micrófono. Pero le demostraré que seré alguien en la vida, aunque mi voz no tenga nada que ver con eso. Ya lo verá

Al decirle esas palabras estaba llorando. Y aunque no lo demostró, yo sabía que a él le dolía. A mí también. Hoy en día él sigue pensando que fue porque me gritó, pero no fue por eso. Yo estaba dolida y triste porque le había fallado.

Tan pronto como mi padre estacionó el carro en la entrada, salté y corrí a la casa y me fui derecho a mi cuarto. Ni siquiera saludé a mi madre, que estaba lavando platos en la cocina. Lloré en mi almohada y pensé en agarrar el mini radio de mi hermano Pete y moverme al ritmo de «Atomic Dog», el cassette de George Clinton, sólo para hacer encabronar a mi padre aún más. En vez de eso, lo escuché contarle a mi madre lo que había pasado. Pensé que la conversación había terminado, pero luego ella dijo:

—Te lo dije, el canto no es para ella.

Y ahí no acabó la cosa. Mi padre tenía que tener la última palabra, por supuesto.

—¿Cómo chingados no? Ella va a volver algún día. Nunca la molestaré con lo del canto otra vez. No le voy a insistir. Pero un día, ella solita se dará cuenta de que su amor por la música es demasiado grande. Sin mí y sin nadie que la empuje, con el tiempo ella volverá. Sólo voy a sentarme aquí y esperar.

Cuando era pequeña, no importaba dónde viviéramos, ya fuera el apartamento en Culver City, las casitas en San Pedro y Wilmington, o la casita que mis padres pudieron finalmente comprar en Long Beach, siempre había música. Mi padre siempre tenía la radio prendida en la estación Radio Express, la que se especializaba en tocar los éxitos clásicos de Vicente Fernández, Ramón Ayala, Pedro Infante, Javier Solís y todos los otros grandes de la época. Mi padre cantaba con sus favoritos, mientras arreglaba los carros en el patio.

Adentro, mientras mi madre limpiaba la casa, ella ponía sus discos y cantaba con Chayito Valdez, Chelo, Lola Beltrán, Rocío Dúrcal, Yolanda del Río. Aprendí las letras, y a los siete años me gustaba cantar canciones que decían que la borrachera era buena para olvidarse de los pinches hombres o que hablaban de las noches en el bar. Los domingos me gustaba asomarme a la sala cuando mis padres estaban viendo el programa de Raúl Velasco, *Siempre en Domingo*. Algunos artistas me impresionaban y la forma en que Lupita D'Alessio se expresaba verbal y físicamente siempre me llamó la atención. Me encantó cómo Beatriz Adriana, mientras cantaba sus famosas canciones rancheras, hacía que sus ojos bailaran. Traté de imitarla en el espejo del baño.

Mis padres se conocieron en un concurso de canto cuando eran adolescentes en México. Mis hermanos y yo siempre estuvimos rodeados de la música que ellos querían que lleváramos en nuestro ser. Sólo se nos permitía escuchar música mexicana y mirar la televisión en español. Sin embargo, en el barrio con mis amigos conocí diferentes tipos de música. Los *homies* tocaban lo que considerábamos en ese entonces la música hip-hop. Bailábamos al ritmo de «More Bounce to the Ounce», «So Ruff, So Tuff» y «I Heard It Through the Grapevine» de Zapp y Roger cuando hacíamos una carne asada en el patio.

Me encantaba bailar más que cantar. Como era rara la vez que me dejaban salir y juntarme con mis amigas en las fiestas del barrio o ir a los bailes de la escuela, me gustaba bailar en casa. Todas las tardes iba al cuarto de mis padres y cambiaba la estación en español que mi padre había programado en su radio y ponía las estaciones en inglés que tocaban la música que yo quería escuchar —de The Sugar Hill Gang, Midnight Star o Tom Tom Club— y me ponía a bailar cuando mis padres y hermanos no me andaban buscando. Otras veces, dependiendo de cómo me sintiera, escuchaba algo más suave. Buscaba las estaciones que tocaban Peaches and Herbs, Marvin Gaye y Diana Ross. Mi padre y yo estábamos en una batalla constante, porque siempre se me olvidaba poner la radio otra vez en la estación en español.

Durante el verano de 1983, cuando tenía catorce años, conocí a un muchacho llamado Sergio, mi primer amor de adolescente.

Sergio vivía en las calles Summit y Canal, en uno de los barrios más peligrosos de West Side Long Beach. Por él conocí a las «viejitas pero bonitas» que a todos los cholos en el barrio les gustaba escuchar, moviéndose al ritmo de la música retumbante de sus grabadoras y carros *lowrider*: Brenton Wood, The Delfonics, Mary Wells, Smokey Robinson. Mi padre me vio con Sergio en la esquina de Hill y Sante Fe un día cuando Sergio me acompañaba a la parada del autobús en el camino a la escuela. Recuerdo sólo dos veces durante mi infancia en las que mi padre me golpeó. Él dijo que no le pondría la mano encima a «la reina de Long Beach», pero que si llegara a suceder, sería por algo grave. Cuando llegó a casa del trabajo esa tarde, me dio una bofetada tan fuerte que salí volando por la sala. Dijo que de ninguna pinche manera permitiría que su reina anduviera metida con cholos. Podrían ser mis amigos, pero no mis novios. Mi padre me advirtió que si no dejaba de ver a Sergio, me sacaría de la escuela. Para mí, nada era más importante que la escuela y eso marcó el final de mi amor adolescente con Sergio. Pero no importaba: él me había expuesto a otro estilo de música y eso era suficiente para mí.

En la escuela secundaria Bancroft, que estaba llena de gringos, conocí otro mundo musical. Los gringos no querían escuchar las canciones funk que a los *homies* en Stephens les gustaban. Sí escuchaban un poco de Michael Jackson, pero todo el mundo era fan del álbum *Thriller* en ese entonces. De regreso a casa, ellos le pedían al conductor del autobús escolar que cambiara la radio a las estaciones de pop. Eran fanáticos de The Police, Depeche Mode y una tal Madonna.

Fue en esa época que conocí a Alfredo. Su hermano y mi hermano

Pete jugaban en el mismo equipo de beisbol. Alfredo era de mi edad y asistía a la secundaria DeMille, más allá de la calle de mi nueva escuela. Habíamos dejado de tomar los autobuses escolares y andábamos en autobús particular para pasar un poco de tiempo juntos camino a la escuela. Él siempre llevaba sus audífonos Walkman que compartía conmigo en el autobús. Traía todo tipo de cassettes y así conocí a Duran Duran, la música disco, el rock alternativo y una ridícula música fuerte y chillante que yo no entendía muy bien: el heavy metal.

Alfredo y yo habíamos estado saliendo por dos meses cuando me enteré de que vivía en la misma calle que Sergio. Esto provocó un par de pleitos entre ambos que culminaron cuando Sergio le dio un navajazo a Alfredo en el costado. Les quité la pena de andarse peleando por mí porque mi hermano Gus vio al cabrón del Alfredo agasajándose a una muchacha en una quinceañera. Me partió el corazón y terminé con el güey. Por un día entero pensé que era el fin del mundo, pero después me puse feliz de haber conocido otros tipos de música a través de esa corta relación. Añadí los cassettes de Alfredo al resto de la colección que había reunido durante mi niñez y adolescencia, y seguí mi camino hacia la búsqueda de mi próximo gran amor y mi próximo despertar musical.

4

Una pequeña empresaria

Cuando cumplí los quince años
no me hicieron quinceañera.

—De «La chacalosa»

El verano de 1984 cambiaría mi vida para siempre. Yo estaba muy emocionada por mi cumpleaños, no porque quería una fiesta de quinceañera, sino porque por fin podría conseguir un trabajo temporal. También podría tener mi primer novio oficial pero para ser honesta, eso no era tan importante para mí.

Como el dinero nunca rendía en mi casa, mis padres eran muy trabajadores y para nosotros sus hijos, esa característica fue nuestra herencia. Mis padres se ganaban la vida de muchas maneras: trabajaban en fábricas, eran propietarios de un bar en la ciudad de Wilmington, o vendían música en una tienda de discos de la que fueron dueños por un corto tiempo en la avenida Santa Fe en Long Beach. Al regresar a casa después de un día largo de trabajo, mi padre salía a los clubs locales con su cámara Polaroid para ofrecer a los clientes del club una foto por unos cuantos dólares. Mi madre iba a vender Avon o Tupperware para ganar dinero extra. Nunca descansaban.

De niños, mis hermanos y yo fuimos testigos de su lucha. No es raro que resultáramos ser como ellos. Mis hermanos recogían latas de aluminio de los basureros del vecindario y seguido me llevaban con ellos. Juntábamos lo suficiente para ganar un poco de dinero. Pete y Gus se lo repartían, dándonos a Lupe y a mí una pequeña parte. A veces nos ofrecíamos a cortar el zacate de los vecinos para ganarnos un poco de dinero extra los fines de semana. Mis padres se iban al *swap meet* para vender cassettes. Cada uno tenía su puesto. Mis hermanos y yo íbamos y veníamos entre los dos puestos cuando un cliente pedía un cassette que uno de ellos no tenía, pero el otro sí. Cuando tenía once años, me di cuenta de que había más gente en una sección particular del *swap meet*, y decidí que necesitábamos un tercer puesto en esa zona. Le pregunté a una mujer que tenía un puesto allí si podía alquilarme una mesa y le daría un porcentaje de mis ventas.

—No tienes que darme un porcentaje, solo toca música buena —me dijo. Y así nació la pequeña empresaria que hay en mí.

En otra ocasión, cuando tenía catorce años, convencí a mi padre de que invirtiera en una máquina para hacer prendedores que yo vendería en los conciertos. El primero al que fui era de Menudo. La semana previa junté todas las fotos de Menudo que tenía e hice prendedores. Me ponía a venderlos en el baño durante los descansos. Vendí una bolsa llena y todo lo que gané se lo di a mi padre con mucho orgullo. Hice eso en muchos conciertos más y en aquel verano también conseguí mi primer trabajo oficial.

Mi tía Licha, que rentaba la casita de atrás de la nuestra, tenía un trabajo en una fábrica localizada en Long Beach. El trabajo que ofrecían era llenar bolsas de mano de mujer con papel para que se vieran llenas al venderlas. Tía Licha habló con su supervisor acerca de mí y me contrataron a pesar de que sólo tenía catorce años. El trabajo en esa fábrica era horrendo. Las condiciones eran un asco y los gerentes eran crueles con los trabajadores, que eran casi todos inmigrantes indocumentados y el miedo no les permitía quejarse. Llegaba a casa apestando a plástico y les contaba a mis padres lo terrible que era. Mi padre estaba molesto y quería que dejara de trabajar allí inmediatamente. Pero mi madre me dijo que no podía dejar de hacerlo. Esta experiencia me enseñaría el valor de la educación, la cual me salvaría de un destino lleno de trabajos terribles por el resto de mi vida.

El verano siguiente, en 1984, Patty, la novia de mi hermano Gus, habló con su jefe para que me diera un trabajo. Patty era mesera en el restaurante Golden Star y estaba segura de que yo podría hacer el trabajo. Fui a una entrevista un fin de semana en que me tocó descansar en la fábrica y me contrataron en el Golden Star ese mismo día. Disfruté el trabajo de mesera. La interacción con los clientes era muy divertida, sobre todo en un lugar de hamburguesas como ese, un lugar frecuentado por todo tipo de personas. Trabajando allí, siempre me enorgullecía de mi servicio al cliente y de ser reconocida como una buena empleada. Atendía las mesas tal como lo hacían las meseras más experimentadas. Pocas personas sabían que yo tan sólo tenía quince años de edad. Es que no aparentaba mi edad. Los pantalones vaqueros ajustados y las blusas que llevaba me hacían parecer aún mayor, y mis curvas se estaban empezando a desarrollar más al convertirme en una mujer. Ya que el Golden Star se encuentra en el periférico Pacific Coast Highway, una carretera muy transitada que conecta a la ciudad de Wilmington a Long Beach, los camioneros llegaban a tomar el desayuno o el almuerzo, y no eran los clientes con más modales que atendía. Aprendí a lidiar con ellos, aunque la mayoría simplemente era una bola de cabrones calientes.

Una tarde calurosa cerca del final del verano, el trabajo iba como de costumbre. Estaba desempeñándome como una mesera muy respetuosa y trabajadora, tal como siempre lo había hecho. Noté a un hombre sentado en la mesa de la esquina, cerca de las maquinitas de «Centipede», que me miraba desde lejos. Me acerqué a su mesa, tomé su orden y me fui. Cuando regresé con la comida, el hombre tenía una sonrisa pícara. Me miró de arriba abajo. No sólo era apestoso y desagradable, sino que tampoco podía mantener las manos en su lugar. De repente lo sentí tocarme las nalgas. Pensé: «¡Ese hijo de su chingada madre no se atrevió a tocarme el culo!». Le arrojé la comida en la cara y le dije:

—Aquí está tu orden, pendejo.

Me despidieron de inmediato por ser grosera con un cliente.

Estaba molesta por perder mi trabajo, pero orgullosa de lo que había hecho. El verano ya casi había terminado de todos modos. En un par de semanas sería una estudiante del décimo grado en la preparatoria Poly. Ya había ahorrado suficiente dinero para comprarme ropa nueva. Volví a casa esa tarde pensando a dónde me iría a comprar mi ropa de la escuela y de repente me di cuenta de que, una vez más, ¡mis nalgas me habían metido en problemas!

Seguí destacándome en la escuela ese año. Quería hacer a mi madre tan feliz como la hacían mis hermanos. Cuando llegaba de la escuela, me ponía a lavar los platos, limpiar la casa y planchar la ropa. Mi madre estaba segura de que yo quebraba los platos a propósito y de que hacía un montón de ruido con las bandejas para lograr que ella no me pidiera ayuda con eso, pero en realidad yo sólo estaba tratando de lavar tan rápido como ella. Tenía una gran técnica que yo intentaba aprender. Aunque mi madre no lo sabía, yo quería ser como ella. Sí, yo me vestía como mis hermanos. Pero también quería cocinar como ella, limpiar como ella, trabajar como ella y algún día ser una excelente madre y esposa... como ella.

Mis padres rara vez nos dejaban meternos en sus peleas. Mis hermanos y yo nunca vimos ninguna violencia física en el hogar. Nunca oímos hablar de algún engaño o pleitos fuertes. A veces, sin embargo, me daba cuenta de que los ojos de mi madre estaban hinchados y rojos después de que salía de su cuarto. Quería saber qué le pasaba, pero nunca me atreví a preguntarle. ¿Estaba preocupada porque el dinero no rendía? ¿O acaso mi padre se había atrevido a pegarle? ¿Habría descubierto que él le había puesto los cuernos? Yo no sabía lo que le pasaba. Lo que más admiraba de mi madre era que ya fuera en las buenas o en las malas, siempre apoyaba a mi padre. Era un soldado de su amor.

Ella no lo sabía, pero era una perfecta esposa «gángster», como solíamos decir en el barrio. Mi padre fue su primer novio, su primer amor, el primer hombre al que se entregó y el hombre con el que se quedó. Ella no iba a criar a sus hijos sin un padre. Me deslumbraban su fuerza y su determinación para hacer que su matrimonio funcionara. Me prometí que cuando creciera, sería como ella. Me dio un ejemplo al cual seguir, un ejemplo que afectaría mi vida más de lo que podía haberme imaginado.

5

Mi primer amor

Nunca quise ser tu amante de fin de semana.
Sólo quería algún tipo de amigo.
——De «Purple Rain»

En el otoño de 1982 yo estaba en octavo grado en Stephens cuando por primera vez conocí al hombre que cambiaría mi vida. Iba en camino a casa, después de la escuela con mis amigas, Ruby y Alma, cuando se les ocurrió hacer una parada en el Pioneer Chicken en la esquina de la Avenida Santa Fe y la calle Willow para ver si podían conseguir comida gratis de un amigo que trabajaba allí. Cuando llegamos, el amigo, que se llamaba Trinidad pero le decían Trino, me miró de una manera que me puso un poco nerviosa. Al preguntarme mi nombre, tímidamente bajé la cara al suelo. Luego, miré a sus hermosos ojos color avellana bordeados de pestañas largas y oscuras.

——Me llamo Janney ——le respondí, sintiendo cómo se me enrojecían las mejillas.

——Me gusta su amiga ——le dijo a las muchachas.

En ese entonces él tenía diecinueve años y vivía al lado de la casa de Ruby en la calle Parade. Ruby era mi mejor amiga y me dejaban visitarla los fines de semana o después de la escuela, siempre y cuando Lupe viniera conmigo. Así fue como empecé a ver a Trino, de vez en cuando. Según Ruby y Alma, él era el más guapo del barrio y las muchachas suspiraban por él. Él siempre hacía un esfuerzo para hablar conmigo y llamar mi atención. En una ocasión, me dijo que cada vez que escuchaba «Así te quiero yo... inocente y sencilla», de Los Yonics, pensaba en mí.

—Me encanta tu inocencia —decía—. Eres una muchacha tan sencilla. Un día serás mi esposa —y luego me dijo que a los trece años yo todavía estaba muy verde para él—: Cuando estés más madura, vamos a hablar del tema otra vez.

Cuando estuve entre los trece y los catorce tuve mis flechazos con Sergio y Alfredo mientras que Trino se hizo amigo de Gus y a veces venía a nuestra casa. Mi padre le advirtió a Gus y a mis otros hermanos que tuvieran cuidado de traer amigos a la casa:

—Ábranle las puertas de su casa a sus amigos y se robarán a su hermana o a su mujer.

Él todavía piensa así. Debido a esto, Trino dejó de venir a nuestra casa. Pero de una manera u otra —por causa del destino, el pinche diablo o la voluntad de Dios— nuestros caminos se cruzaron de nuevo un día en la calle Parade. En ese día de 1984, no era Lupe el que caminaba conmigo a la casa de mi amiga, sino una hermosa muñeca rubia, mi hermanita Rosie, que tenía casi tres años, y ese fue el día en que comenzó nuestro romance.

Aún recuerdo lo encantador y lo buena onda que era Trino y lo loca que estaba yo por él. Hoy en día se me revuelven las tripas con sólo pensar en él. Mi historia con este hombre fue terrible, pero por supuesto que no comenzó de esa manera.

En junio de ese año, Trino y yo empezamos a vernos a escondidas. Me traía arrastrando la cobija, pues era muy guapo e irresistible. Se vestía como un rebelde y escuchaba rock en español. Era muy carismático, divertido, y era bueno para contar cuentos. Trino deslumbraba a la gente al momento que lo conocían. Eso me pasó a mí. Quedé apendejada.

El 2 de julio cumplí mis quince. No pude tener una quinceañera tradicional, ya que el dinero no lo permitió. Mi padre hizo un trato conmigo. Podía elegir entre que mis padres de alguna manera consiguieran el dinero para pagar por una quinceañera, o un carro que me comprarían más adelante cuando el dinero se los permitiera. ¡Por supuesto que me decidí por el carro!, el cual nunca recibí. Mientras tanto, mi celebración de quince fue ponerme el vestido más elegante que tenía y darme un paseo en el viejo convertible de mi padre con el techo abierto.

Me sentí como una princesa sentada encima de ese carro, dándome la vuelta con mi padre, mi héroe, por las calles de Long Beach. Ahora me doy cuenta de que en esa forma él me confirmó que yo era, como siempre me ha llamado, no la princesa, sino «la reina de Long Beach». Yo estaba muy contenta y muy feliz.

Sin embargo, mi padre no estaba muy contento cuando se terminó el paseo. Yo le solté la bomba. Le dije que ya finalmente era «mayor de edad» y Trino quería venir y hablar con él para hacer oficial nuestro noviazgo. Según las costumbre en aquellos tiempos, Trino se reunió con mis padres y pidió permiso para salir conmigo. Pensé que era muy romántico que Trino hiciera eso. Mis padres nos dieron la bendición a Trino y a mí y así comenzó mi primera relación verdadera. En realidad, él se convirtió en mi primer todo. Yo estaba perfectamente convencida de que él era «el amor de mi vida». ¡Pobre mensa!

Un día, durante la hora de la visita, mi padre nos descubrió a Trino y a mí besándonos bajo el aguacate. Supongo que debió haber sido un momento difícil para él. Cuando entré en la casa, mi padre me detuvo antes de que yo entrara en mi cuarto.

—¡Janney, este cabrón te va a chingar! —me dijo. Mi padre sabía que, a la edad de veintiún años, las intenciones de Trino iban más allá de mis deseos adolescentes.

Aquel mes de septiembre comencé asistir a la escuela preparatoria Long Beach Polytechnic. A pesar de que no estaba en el mejor barrio, todos los que conocía querían ir a la Poly, «la casa de los estudiosos y los campeones». Mi hermano Pete se había graduado de allí en junio, Gus había asistido temporalmente (antes de ser expulsado por golpear a un profesor). También allí fueron el jugador de beisbol Tony Gwynn, y la leyenda del tenis Billie Jean King, entre otros muchos alumnos famosos. Cuando Lupe estuvo allí unos años más tarde, Snoop Dogg y Cameron Diaz también eran estudiantes. Por supuesto que en ese entonces no sabíamos que ellos algún día se convertirían en grandes estrellas. Un día, pensé, van a decir que Jenni Rivera asistió a esta escuela también.

Estaba emocionada de ir a la Poly porque por fin volvería a juntarme con todos mis amigos de la escuela Stephens, de donde me expulsaron. Por fin podría pasar el rato con todos los *homies*, los mexicanos, los samoanos, los filipinos, los guameños, los negros; todas esas personas que eran iguales que yo: una minoría. Nos juntábamos en el almuerzo o entre clases, y después de la escuela ya que no tenía ninguna clase con mis amigos. Estaba en las «clases de *nerd*», como ellos las llamaban. La única clase que tenía con algunos de ellos era la de música. Yo tocaba el clarinete y alcancé el estatus de primer clarinete en el Distrito Escolar Unificado de Long Beach. Estaba recibiendo puras «A» en todas mis clases *nerd* y le echaba muchas ganas y con ansia esperaba todo lo que la preparatoria tenía que ofrecerme.

Pero en noviembre todo se detuvo.

La historia comienza en una cálida noche de septiembre. Trino y yo y nuestro chaperón, mi hermanito Lupe, fuimos a un autocine para ver *Purple Rain* de Prince. A mitad de la película, Trino mandó a Lupe a comprar palomitas y dulces. Sucedió justo en el asiento de atrás de su Monte Carlo modelo 1979. No puedo decir que me obligó ya que, obviamente, me gustaba sentir sus caricias, pero me asusté y le pedí que se saliera antes de que me penetrara completamente. Pensé que ya que no había sentido nada, nada había pasado. En realidad, todo había pasado. Llegó Noviembre y todavía no venía mi menstruación. Me preguntaba si podría haber quedado embarazada por el Espíritu Santo. ¿Era posible? Era tan ingenua y estúpida. O tal vez no estaba dispuesta a creer. Sí, yo había aprendido sobre sexo y embarazo en la clase de salud, pero no quería enfrentarme a la realidad. No podía ser cierto. ¿No se suponía que tener sexo era lo máximo y una experiencia inolvidable, así como las muchachas decían en la escuela? No en mi caso. No en mi puta vida loca. ¡Había quedado embarazada del líquido pre seminal!

Yo estaba en una clase de baile folklórico con Patty, la novia de mi hermano Gus y su actual esposa. Una tarde no me presenté y Patty le preguntó a Gus dónde había estado. En realidad fui a una clínica para hacerme una prueba de embarazo para confirmar mis sospechas. Cuando llegué a casa esa tarde, Gus quería saber dónde había estado durante la clase de baile. No tuve otra opción y me vi obligada a decírselo. Se echó a llorar cuando se enteró de la noticia.

—¿Cómo puede ser? ¿Cómo puedes hacerle esto a nuestra familia? Las cosas no tenían que ser así, Janney —me dijo y me insistió en que tenía que decírselo a Pete. No me sentía capaz. No podía hacer frente a mi pesadilla. Salí de la casa antes de que Pete llegara del trabajo esa noche.

Poco después, me senté con mi madre y le di la terrible noticia. Fue una gran decepción para ella y un momento muy triste para una adolescente de quince años como yo. Yo no sabía que Lupe, que tenía doce años en ese entonces, se había escondido en mi cuarto y había escuchado toda la conversación. Como era costumbre en una familia tradicional como la mía, yo no iba a poder vivir en esa casa estando embarazada. Tendría que vivir con Trino y nos tendríamos que casar. Mi madre tenía miedo de cómo reaccionaría mi padre, así que me hizo partir antes de que él llegara a casa. Tuve que empacar mi ropa y las pertenencias que me iba a llevar conmigo a mi nueva casa mientras mis hermanitos, Juan y Rosie, me observaban. Eran demasiado pequeños e inocentes para saber lo que pasaba, pero Lupe bien que supo en qué lío me había metido. Después de que eché mis cosas en una bolsa de basura de plástico negra le di a mi madre, quien estaba enfurecida, un beso y un abrazo de despedida, y me dirigí hacia la puerta tras la cual me esperaba el padre del hijo que llevaba en mi vientre.

Di un paso fuera de la casa de mi niñez y enseguida Lupe salió de mi cuarto llorando, gritando, suplicándole a mi madre que no me dejara ir.

—¡No, amá! —sollozó—. Por favor, no la obligue a que se vaya. No quiero estar aquí sin mi hermana. Puede quedarse en su cuarto y su hijo se puede quedar con nosotros en el garaje. ¡Va a estar bien! —Estaba inconsolable. Mi madre lo miró y se echó a llorar y escondió la cara entre sus manos. No podía decir palabra alguna.

Lupe no se rendía. Me agarró con fuerza por el brazo, me miró a los ojos y me suplicó:

—¡Por favor quédate conmigo, Janney! ¡Por favor, no te vayas!

Nunca olvidaré el dolor en su cara, el miedo en su voz, sus palabras y las lágrimas que se deslizaban por sus mejillas. Mientras escribo estas palabras estoy llorando, recordando lo mucho que trató mi hermano de detenerme esa noche que cambió mi vida para siempre. ¿Acaso él, a la edad de doce años, presintió el infierno que me esperaba? ¿Fue clarividente y presenció cómo sería mi vida con esa rata? No sé, pero a veces pienso que mi hermano se dio cuenta de que Trino sería la causa de la experiencia más trágica y dolorosa de la familia Rivera.

Dejé mi bolsa en el suelo para darle un abrazo y seguí llorando mientras le daba un beso de despedida. Recogí mis cosas y caminé hacia Trino. Dejé a Lupe chillando en la puerta de nuestra casa en Long Beach, dejé a mis inocentes hermanitos confundidos por lo que estaba pasando, dejé a Pete y a Gus decepcionados y tristes, y dejé a mi madre tan enojada y herida que apenas podía hablar. Me metí en el Monte Carlo color beige que me llevaría a la casa de la familia de Trino en Wilmington, la ciudad en la que viví una vez cuando era niña, y comencé una vida que nadie le habría deseado a «la reina de Long Beach». Años después supe que cuando mi padre llegó a casa del trabajo ese día y preguntó dónde estaba yo, mi madre le dijo que había huido con Trino. Mi padre estaba muy molesto y durante los siguientes tres días continuamente le preguntó a mi madre si había llamado. Al tercer día mi madre le dijo la verdad. Mi padre fue a su cuarto para prender la radio, que por primera vez en mucho tiempo estaba sintonizado su estación favorita en español. Yo no había estado allí para cambiarla. Lloró esa noche mientras escuchaba la música porque sabía que me había ido para siempre y la vida nunca volvería a ser la misma para toda la familia. Y, por supuesto, para mí tampoco.

Trino y yo vivíamos en el garaje atrás de la casa de su familia en la Blinn Avenue en Wilmington. Él era el único varón en una casa llena de mujeres. El problema era que su madre y todas sus hermanas me odiaban, todas pensaban que yo era muy poca cosa para él porque era americana. En su opinión, todas las americanas eran putas y Trino debería haberse casado con una mexicana de su rancho. Me trataron mal, pero eso no era nada comparado con las chingaderas por las que Trino me hizo pasar.

El garaje se convirtió en un ring de boxeo para las muchas peleas verbales y físicas que tendríamos durante nuestra relación de ocho años. Esas paredes serían testigos de las primeras lágrimas que derramé y las lágrimas que seguí derramando los próximos años. Trino sólo me había llevado a vivir con él porque quería demostrarle a todos que era un hombre responsable y no quería humillarnos a mi familia y a mí públicamente. Pero él insistió en que el hijo no era suyo, no creía lo que los médicos nos dijeron. En su opinión, yo no podría estar embarazada sin haber consumado nuestra relación sexual «oficialmente». No sólo eso, dijo que ninguna mujer suya iba a seguir asistiendo a la escuela; Trino quería que me diera de baja y me quedara en casa y fuera toda una ama de casa.

—¿Y qué pasará con mis calificaciones y mi educación? —le pregunté—. ¿Qué pasará con mi futuro y lo importante que es para mí lograr algo y ser el orgullo de mi familia?

—Eso ya está en el pasado —respondió—. Ya estoy haciendo lo suficiente con tenerte aquí después de que te acostaste con otro güey que te embarazó. No voy a aguantar que mi mujer vaya a la escuela como si fuera todavía una adolescente normal. Así se hacen las cosas en mi familia y así serán conmigo, te guste o no.

No lo podía creer. ¿En qué chingados me había metido? A medida que pasaban los días, seguí insistiendo, pensando que podría convencerlo de que cambiara de opinión. No lo logré. Al contrario, supe lo que se sentía ser golpeada en la cara por un hombre.

—¡Oh, no, no te atreviste, hijo de tu puta madre! —le grité al recibir la bofetada. Inmediatamente volvió a salir la chingona en mí e hice lo que había sido entrenada para hacer: me defendí—. No te tengo miedo, pinche maricón —le dije—. ¡Te voy a partir la madre!

Obviamente, no pude hacerlo, él era más fuerte que yo. Esa no fue la última vez que me golpeó en la cara, sucedió más veces de lo que me gustaría admitir. Pero me gustaba devolverle el favor cuando estaba distraído: esperaba hasta que se quedaba dormido y me lo madreaba. Así fue nuestra relación durante los años siguientes. Mi nana Juana me decía:

—No debes hacer eso. Se supone que debes dejar que él te pegue.

Mi nana era una señora anticuada, religiosa, y mi tata solía ponerle sus chingadazos mientras ella sólo miraba al suelo y se aguantaba.

—*Fuck that*, nana. Si él va a pegarme, me lo voy a chingar yo también —le dije.

Al final me salí con la mía. Después de mucho discutir y no ceder a sus idioteces de machista me fui, con toda y mi barrigota, a la preparatoria Reid High, una escuela de continuación cercana. Las escuelas como Reid se especializan en la educación de los estudiantes más problemáticos y las adolescentes embarazadas. Además de mis clases académicas regulares, los profesores también me prepararían para dar a luz.

Me alegro de haber insistido porque en esa escuela me enteré de lo que estaba pasando en mi cuerpo durante mi embarazo. La Sra. McFerrin, mi profesora de economía doméstica y de desarrollo infantil, siempre me decía que tenía que ser una muchacha embarazada feliz. Me dijo, y hasta me lo comprobó con los diferentes libros de texto, que la personalidad de un ser humano se forma en el vientre. Me aseguró que lo que viviera en el feto durante el embarazo podría moldear el carácter de mi hijo para toda la vida. Le creí y más tarde tuve plena prueba de que era verdad.

Tres meses después de que me fuera de casa de mis padres, me rogaron que volviera. A pesar de que la vida con Trino era un pinche infierno, no lo hice; me habían echado y yo era demasiado orgullosa y demasiado terca para regresar y olvidar lo que había pasado. No, yo iba a aguantar hasta el final, iba a hacer que las cosas funcionaran, iba a ser una mujer «gánster», al igual que mi madre.

Nuestra primera hija, Janney (más tarde la apodamos Chiquis), nació el 26 de junio de 1985, seis días antes de que yo cumpliera mis dieciséis años. A pesar de las acusaciones de Trino, la niña se parecía a él. La llevé a casa de mis padres el 3 de julio, cuando Rosie cumplió cuatro años. Estaban a punto de cortar el pastel cuando llegué a la celebración con mi hermosa nena de ojos verdes. Rosie se enojó: ella siempre había sido mi bebé y no estaba muy feliz de estar siendo reemplazada. Le prometí que nunca la dejaría y le aseguré que ella seguía siendo mi bebé también.

Todo el mundo se enamoró de Chiquis, especialmente su tía Rosie.

Trino y yo nos mudamos a la casita trasera en el lote de mis padres, para que mi madre me pudiera ayudar con Chiquis mientras yo trabajaba en el Kentucky Fried Chicken o estaba a la escuela. Pero esto también permitió que mi familia fuera testigo de muchos de los pleitos horribles entre Trino y yo, a pesar de que traté de mantenerlos en secreto.

Subí ochenta libras durante el embarazo y Trino me dijo que ahora estaba demasiado gorda para ser su mujer. Constantemente me insultaba y me humillaba por mi aspecto. Me sentía fea, gorda y sin valor, pero nunca quise que nadie más lo supiera. En mi familia siempre me llamaban «inquebrantable», y nunca quise romper esa imagen de mí misma. En el exterior mantuve mi cabeza en alto y mi imagen de chingona. Sin embargo, por dentro me estaba muriendo. Ya que lo que más quería era callarle el hocico a Trino, me puse a dieta y perdí todo el peso extra en como un año y medio, después de que Chiquis nació. Pero entonces él se puso celoso y obsesivo. ¡Con una chingada, yo no podía ganar!

En los últimos días de enero del 1987 Trino y yo vivíamos en una casa móvil que habíamos comprado en Carson. Yo trabajaba como cajera en una tienda de videos en la calle Willow. Esto fue durante la época de la locura por los VHS, y el lugar estaba siempre lleno de clientes, muchos de ellos hombres. Un día recibí un ramo de flores en el trabajo. Estúpidamente pensé que eran de Trino pidiéndome disculpas después de otra pelea. Cuando vino a recogerme esa noche me subí al auto y le di un beso, dándole las gracias. En un abrir y cerrar de ojos me dio una bofetada en la cara y las flores volaron por la ventana. Esa noche ni siquiera traté de defenderme, sólo lloré hasta quedarme dormida y me sentí caer en una depresión profunda. Nunca supe quién me había enviado esas flores.

Al día siguiente me fui de pinta de la escuela, pero sí fui a trabajar como de costumbre. Necesitábamos los 3.75 dólares que ganaba por hora y no quería ser irresponsable. Trino me acosó por la noche llamando a la tienda de videos, sin parar. A medida que aumentaban las llamadas telefónicas, mi jefe, Kim, un hombre de negocios coreano exigente y cruel, comenzó a molestarse. Yo estaba trabajando con mi amiga Verónica y cada vez que sonaba el teléfono me ponía más ansiosa. No quería aguantar más chingaderas de Kim o del pendejo de Trino. Recordando la bofetada en la cara de la noche anterior y la nueva acusación de que yo andaba acostándome con otros, decidí poner en marcha las ideas que traía en la mente: había estado pensando en matarme.

Me dije: «Hasta aquí llegué. No puedo soportarlo más. Tengo que huir de este cabrón. Lo amo, pero me lastima demasiado». Quería desesperadamente terminar la relación, pero también quería seguir los pasos de mi madre. Quería estar con él y hacer que funcionara nuestra relación para el bien de mi hija, por mi propio orgullo estúpido y por la creencia anticuada de que debía estar con la misma persona por el resto de mi vida. Al igual que mi madre.

Lo pensé por mucho tiempo, también pensé en mi hija, mis padres, mis hermanos, y luego pensé en mí. No recuerdo haber sido tan egoísta antes. En mi hora de descanso, me fui al supermercado Alpha Beta, que estaba un par de puertas más allá del Video One. Compré todos los medicamentos que pude con el dinero que tenía y volví a la tienda de videos. Entré, le di un beso en la mejilla a Verónica, y me fui directamente al baño. Allá en el baño de una tienda de videos, me tragué todas las pastillas de estos siete frascos, una mezcla de todo lo que tenían disponible ese día. Antes de perder la conciencia sentí las lágrimas deslizarse por mis mejillas. Le susurré al piso:

—Lo siento, amá, lo siento, apá.

Cuando abrí los ojos, estaba en un cuarto blanco y brillante. Olía a estéril y a Pine Sol, y yo podía oír a la gente que iba y venía por el pasillo. Entonces miré a mi alrededor y mi mirada se fijó en mis padres. Nunca olvidaré la tristeza y el dolor en sus rostros. Mi madre lloraba mientras mi padre intentaba, como siempre, mostrar su fuerza. Una lágrima gorda se deslizó por su rostro mientras forzaba una sonrisa.

—Vas a estar bien, mija —dijo. No sabía si estaba tratando de consolarme o si estaba tratando de convencerse a sí mismo—. Vamos a cuidarte. Vamos a poner bien las cosas.

—No vuelvas a hacerme esto, mija —dijo mi madre, llorando. Empecé a llorar también cuando me di cuenta de lo que había hecho.

No me preguntaron por qué, no me interrogaron, no querían hacerme sentir peor de lo que ya me sentía. No dije nada. Le prometí a mi madre, en silencio, que nunca lo haría otra vez.

Al día siguiente fui dada de alta del Hospital del Pacífico en Long Beach para ser admitida en el Centro de Rehabilitación de Los Amigos, en Downey. El seguro médico de mi padre no iba a pagar mis gastos en el hospital o en el centro de rehabilitación. Aunque mis padres nunca me lo dijeron, creo que ellos sabían que yo estaba perdiendo el espíritu guerrero mi infancia. Tenían razón. Me pasé dos semanas en Los Amigos, y mi hija se quedó con mis padres. Ya que yo era la paciente más joven de allí y la única que había intentado suicidarse, recibí mucha atención de los otros pacientes, la mayoría de los cuales sufrían de abuso de drogas y alcohol. El personal había oído hablar de mi éxito en la escuela y de que yo era una madre adolescente. Se propusieron reconstruir mi autoestima y asegurarse de que yo supiera lo mucho que tenía a mi favor. Trino nunca dio la cara mientras yo estuve ahí.

En Los Amigos escuché por primera vez la oración de la serenidad: «Querido Dios, por favor concédeme la serenidad para aceptar las cosas que no puedo cambiar, valor para cambiar aquellas que puedo, y la sabiduría para reconocer la diferencia».

El día en que me dieron de alta, repetí en silencio la oración en el camino de regreso a casa de mis padres. Mi hermano Pete manejaba, mi madre se sentó en el asiento del pasajero y yo me senté en el asiento de atrás. Pete me miraba a través de su espejo retrovisor mientras la canción «Lean on Me» tocaba en la radio. Me sentía preparada para enfrentarme al mundo. Estaba lista para un nuevo comienzo y tenía una nueva perspectiva de la vida. Al final decidí dejar a Trino para siempre.

Después de mi experiencia en Los Amigos, mi hija y yo nos fuimos a vivir con mis padres. Enfrenté la vida día a día. Pasó febrero y no regresé con Trino. Luego pasó marzo. Pasó toda la primavera. Me concentré en ir a la escuela y ser una buena madre para Chiquis, que ya tenía casi dos años. En junio me gradué de la preparatoria y fui la mejor estudiante de mi clase. Me ofrecieron ocho becas universitarias diferentes. Trino llegó a la ceremonia y me suplicó una vez más que volviera a nuestra casa móvil en Carson.

—Esta noche no —le dije—. Voy a celebrar mi graduación.

—¿No me llevas? —preguntó.

—Supongo que no, ya tengo pareja —respondí con orgullo—. Estás de más, chiquito. Ya hablaremos otro día.

Me subí al autobús con mi pareja, Al, y el resto de los estudiantes graduados. Fue mi primera vez en Disneylandia. Esa noche me sentí como una adolescente normal.

6

¿Por qué lloras, mija?

Pero si te hace llorar, a mí me puedes hablar
yo estare contigo cuando triste estés.
—De «Before the Next Teardrop Falls»

Quería aprovechar las becas que me habían ofrecido, por lo que el verano del 1987 comencé a asistir al Long Beach City College. Aunque yo estaba bien metida en mis estudios y metas, ¿adivinen qué? Sí. ¡Lo hice otra vez! Volví a aceptar a Trino otra vez. Volví a caer en mi ilusión de querer ser como mi madre. Regresé una vez más a la violencia y los chingadazos. Volví a los pleitos fuertes, otro año más de peleas de nunca acabar.

Pero después de un tiempo, me preocupé mucho de que Chiquis estuviera en esa situación inestable y me pregunté en qué manera le estaría afectando. Así que decidí dejar el tráiler en Carson que, por cierto, yo había ayudado a pagar. Pero el dinero perdido valía mi libertad. Así que, a finales de 1988, empaqué mis cosas y llevé a mi hija de regreso a casa de mis padres en Long Beach. Como madre aprendí a dejar a un lado mi orgullo y a hacer lo que fuera mejor para mi hija,

49

aunque esto significara admitir el fracaso de mi matrimonio. Y yo sólo tenía diecinueve años.

Por dos meses, mi vida fue estable y tranquila, sin Trino en ella. Pero entonces mi mundo se vino abajo otra vez. Era el 11 de febrero de 1989. Iba saliendo de mi trabajo en la tienda de música Wherehouse en el centro comercial de Long Beach. Podía presentir que algo malo estaba por suceder. Me había quedado a trabajar horas extra para hacer el inventario. A las 10:15 pm yo estaba caminando por el estacionamiento vacío hacia mi Toyota Supra modelo 1986. Escuché pasos que rápidamente se acercaban a mí. Era Trino.

—Quiero que hablemos —dijo. Discutí con él antes de finalmente acceder a poner en claro las cosas. Nos sentamos en su Nissan Máxima y platicamos un rato antes de que empezara a besarme. ¡Ahí voy de pendeja! Pero yo quería que se detuviera cuando las cosas subieron de tono, y él no quiso.

—¡Tú lo quisiste! ¡No vas a jugar conmigo de esa manera! —me gritó. Ante el temor de que fuera a empeorar las cosas, y porque yo no había tenido sexo en mucho tiempo, lo dejé que continuara. No puedo echarle la culpa, yo fui la estúpida por ponerme en esa situación. Recuerdo que le pedí que usara protección o que la sacara. Como no me andaba acostando con uno y con otro, no me estaba cuidando y sabía que podía quedar embarazada ese día. Y el cabrón de Trino ignoró mis súplicas de que no se viniera dentro de mí, y con una mirada diabólica en su rostro dijo:

—¡A la chingada con eso!

Esa noche me fui a casa sabiendo que habíamos concebido otro hijo.

Así que me encontré una vez más viviendo en la casa de mis padres y embarazada. Pensé en tener un aborto, pero un día, mientras estaba sentada en mi cuarto tratando de hacer mi tarea, mi madre entró y me encontró llorando. Le dije la verdad. Teniendo en cuenta lo que estaba pensando, ahora me alegro de habérsela dicho.

—No puedes tener un aborto —dijo—. No voy a dejar que lo hagas. No sería justo para esa nueva vida que Dios ha creado. Créeme, un día vas a agradecer mi consejo.

Ese día decidí quedarme con la criatura, pero no quería enfrentarme a mi padre con la noticia, así que decidí regresar con Trino. Recogí mis cosas y me dirigí al parque de casas móviles en Carson con mi hija de cuatro años de edad. Cuando toqué la puerta, Trino abrió y me preguntó qué estaba haciendo allí. Le dije que estaba embarazada y que no podía aprovecharme de mis padres por más tiempo. Yo sabía que estaban decepcionados de mí y quería demostrarles que podíamos resolver las cosas.

—Te puedes quedar —dijo Trino—. Pero no me eches la culpa de lo que pueda pasar.

No nos quería allí. Parecía estársela pasando a toda madre siendo soltero y ya no tenía ningún interés en la vida matrimonial. Lo que sí le interesaba era menospreciarme, insultarme y ponerse en mi camino. Me dijo que ni en sueños lograría obtener mi título en la escuela técnica ese año porque estaba embarazada y deprimida. Le aguanté muchas pendejadas durante ese tiempo, que nunca jamás había aguantado en nuestra relación. Me comprometí a hacer que funcionara nuestra vida en común, pero también me comprometí a demostrarle que estaba equivocado; no estaba dispuesta a dejarlo ganar.

Peleábamos constantemente. Comenzaba con una pelea a gritos y antes de que llegáramos a los madrazos me iba corriendo al cuarto de Chiquis porque temía por la criatura en mi vientre. Rosie, quien tenía ocho años para entonces, venía seguido a pasar las noches con nosotros. Ella había crecido unida a Chiquis. Sus rostros se llenaban de terror al verme entrar corriendo en su cuarto y cerrar la puerta tras de mí cuando Trino estaba a punto de pegarme.

Continuamos así hasta que un día, en julio de 1989, las peleas llegaron muy lejos. Él y yo estábamos discutiendo cuando comenzó a golpearme. Traté de escapar, pero estaba embarazada de cinco meses y no podía moverme rápidamente. Él me dio una patada en el estómago, queriendo lastimar al bebé. No quise asustar a Chiquis, así que traté de no gritar, pero cuando me pateó de nuevo, y mucho más fuerte, ya no pude aguantarme más. Grité de dolor y Chiquis salió de su cuarto para ver qué pasaba.

Vi la cara de mi hija, y ese fue el punto final. Ya no podía permitir que mi Chiquis fuera marcada emocionalmente y mi criatura que aún no nacía estuviera en peligro.

Sin saber a dónde iría, me salí esa noche con una cobija en una mano y mi hija en la otra. Planeaba dormir en mi carro en algún lugar ya que no estaba dispuesta a volver a casa de mis padres. No quería que me vieran en ese estado. Pero mejor me fui a la casa de mi hermano Gus en Arlington Street en el West Side de Long Beach. Patty y Gus nos recibieron y nos dejaron dormir en su sala. Ya que era una casa de una sola recámara, sabía que no podría estar allí mucho tiempo. Al día siguiente le pregunté si podía rentar su garaje. Aunque el suelo era de cemento y el techo no estaba terminado, tenía un baño completo y eso es todo lo que necesitábamos. Me compré un mini refrigerador y un pequeño horno de microondas, y también un juego de recámara a plazos. Unos días más tarde volví al parque de casas móviles en la calle 228 sólo para recoger nuestras cosas.

Recibí mi título de la escuela técnica en junio de 1989 y decidí no tomar clases ese verano. En septiembre volví al Long Beach City College para completar algunas clases antes de que me fuera a la universidad de Cal State Long Beach el siguiente semestre. También había comenzado un nuevo trabajo en la sucursal Willow/Daisy del Bank of America. Chiquis iba al Centro de Cuidado Infantil Young Horizons en el centro de Long Beach. A pesar de la tristeza que llevaba conmigo, sentí que las cosas iban bien. Me estaba moviendo hacia adelante. Yo no quería que nuestra situación me afectara. No podía dejar que mi hija me viera llorar por más tiempo. Constantemente le aseguraba que estábamos bien y que las cosas iban a mejorar. En cierto modo estaba tratando de convencerme a mí misma, porque en ese momento cada vez que daba un paso hacia adelante, parecía que la vida me empujaba cinco hacia atrás.

Una noche, mientras estábamos viviendo en el garaje de mi hermano, me despertó el sonido del motor de mi carro. Me levanté para mirar por la ventana. Pronto Chiquis despertó y se puso de pie a mi lado. En ese garaje frío vimos con impotencia cómo dos hombres enmascarados se robaron mi pequeño Honda. Yo estaba embarazada de siete meses y de pie junto a mi hija de cuatro años de edad. No me podía mover. Miré fijamente en la oscuridad y de pronto me acordé de que sólo tenía un seguro básico en ese carro. El seguro no respondería por el robo. No podía comprar un carro nuevo. Apenas podía con los gastos que tenía. ¿Qué chingados iba a hacer ahora? Tenía que ir al trabajo y a la escuela, tenía que llevar a Chiquis a la guardería.

Debí haber estado perdida en mis pensamientos por un rato cuando sentí que mi hija suavemente me jalaba de mi pijama.

—Mami. Mami, escúcheme —dijo. Miré su hermosa carita—. Les prestó su carro, ¿verdad, Mami? Van a traerlo de nuevo en la mañana para que me lleve a la escuela, ¿no?

Luché contra las lágrimas mientras miraba sus ojos, esos ojos verdes que amo tanto. En ese momento quería ver las cosas a través de esos ojos inocentes, yo también quería ser una niña inocente y creer en el bien del mundo. Pero tenía que ser fuerte por mis hijas (sí, según el examen de ultrasonido que me habían hecho, iba a tener otra niña). Esa noche, después de presentar una denuncia policial, estaba en la cama pensando cómo iba a salir adelante por mis hijas. No dejaría que las tres nos viniéramos abajo. Las tres mosqueteras, pensé, tratando de sonreír. Pero en lugar de eso, en silencio, lloré hasta quedarme dormida, asegurándome de que mis hijas no pudieran escuchar mis sollozos.

Podría haber ido con mis padres y hermanos en busca de ayuda. Ellos me habrían dado todo lo que tenían si yo se los hubiera pedido, pero mi orgullo no me lo permitió. En el fondo sentí que tenía que demostrarme a mí y a todo el mundo que yo tenía los suficientes ovarios para seguir adelante por mi cuenta. Quería ser un ejemplo de fortaleza para mi niña. En ese momento yo estaba abajo, pero un día iba a estar en la cima del mundo con mis hijas a mi lado. Con o sin mi hombre, iba a hacer que se sintieran orgullosas de tenerme como madre; y también iba a hacer que mis padres se sintieran orgullosos, una vez más, de tenerme como hija.

Al día siguiente me reporté enferma al trabajo y me fui de pinta de la escuela. Llevé a Chiquis conmigo a comprar una bicicleta de diez velocidades. Encontré un asiento para niños usado, para ella, y lo até a la parte de atrás de mi nuevo vehículo. Esa bicicleta fue mi medio de transporte hasta que pude ahorrar suficiente dinero para el pago inicial de otro carro. Pero esta vez no iba a ser tan fácil que me lo robaran. No me atreví a dejarlo afuera en la calle, lo estacioné donde pertenecía, justo al lado de mi hija y de mí, en el garaje. Hogar dulce hogar.

La desesperación y el deseo que sentía en ese momento eran algo casi sofocante. Yo sabía que tenía que recurrir a las lecciones de mi pasado para seguir adelante. Me recordé que no podía cambiar mi situación de inmediato, así que aprendí a vivir con ella y a pesar de ella, tal como me habían enseñado los consejeros en el centro de rehabilitación. Me acordé que tenía que ser una guerrera y no dejarme derrumbar, así como mis hermanos me habían enseñado. Recurrí a la fe que había aprendido de mi madre y del grupo de jóvenes Victory Outreach, del cual había sido parte durante mi último año de escuela secundaria, cuando me sentí muy perdida y sola. Y claro que también apreciaba que mi padre me hubiera enseñado a ser madrugadora, porque todo eso me dio las herramientas que necesitaba para lo que tenía que hacer.

Me levantaba a las cuatro de la mañana todos los días. Me vestía y despertaba a Chiquis para alistarla. Entonces la amarraba al asiento y me iba en bicicleta al centro de Long Beach para dejarla en la guardería. Luego cruzaba por toda la ciudad hasta el Long Beach City College para asistir a mis clases. Después de las clases me iba rumbo a Willow Street para llegar a mi trabajo en el Bank of America. Andaba en la bicicleta como si estuviera entrenando para un maratón mientras mi hija me echaba porras desde atrás. Volteaba para mirarla en cada uno de esos viajes. A veces notaba que sus ojos se ponían llorosos durante las mañanas frías.

—¿Por qué lloras, mija? —le preguntaba.

—No estoy llorando, mami, es el viento que golpea mis ojos —me respondía.

Todavía me pregunto si estaba diciendo la verdad. Pero lo que sí sabía era que ella es como su mamá, una bebé «gánster».

A principios de noviembre mi padre se enteró de mi situación (estoy segura de que fue por uno de mis hermanos) y me pidió que me fuera a quedar a su casa hasta que naciera la criatura. Estuve de acuerdo, por lo que Chiquis y yo nos mudamos de nuevo por esas últimas semanas de mi embarazo. Volví a vivir en el cuarto de mi niñez y mi padre se sentaba al lado de mi cama. No podía soportar verme llorar sola, así que lloraba conmigo. Me sentía tan protegida con mi daddy, mi héroe, a mi lado. Chiquis estaba feliz de vivir en la misma casa con su tía Rosie.

Un año antes, mi padre estableció su propio sello discográfico, Cintas Acuario. Produjo artistas mexicanos regionales populares, incluyendo la figura icónica de hoy en día: Chalino Sánchez. Mis padres estaban mucho mejor económicamente y yo estaba muy feliz de que mi hermanita estuviera viviendo una niñez abundante. Mi madre siempre me pedía disculpas porque yo no había tenido los mismos lujos, pero yo le decía:

—No, amá, dele a Rosie lo mejor de todo. Mímela.

Nunca pensé «¿por qué a Rosie le dieron eso y a mí no?». Por el contrario, me dije que un día yo también iba a ser capaz de darles todo a mis propias hijas. Quizá hasta más.

Mi segunda hija, Jacquelin, nació el 20 de noviembre de 1989. Fue una niña delgada y frágil por consecuencia de las circunstancias que habíamos vivido cuando estaba embarazada de ella. Montaba mi bicicleta durante millas todos los días. Casi no comía o dormía. Estaba deprimida y lloraba todo el tiempo. Sin embargo, desde el momento en que nació, Jacqie tuvo un hermoso espíritu alegre. Mi madre me decía que debí haberla llamado Dulce porque así era ella, como un dulce.

Ahora que tenía dos hijas que dependían de mí, yo sabía que tenía que empezar a ganar más dinero. Estaba decidida a salir de la casa de mis padres y tener un lugar propio tan pronto como fuera posible. Mientras trabajaba en el banco, me di cuenta de que algunos clientes seguido hacían grandes depósitos en sus cuentas.

Un día le pregunté a uno de estos clientes lo que hacía para ganarse la vida. Él dijo que era agente en una oficina local de bienes raíces. Inmediatamente, una idea despertó en mi mente. Quería ganar el tipo de dinero que él estaba ganando, por lo que decidí dejar la escuela temporalmente y matricularme en la escuela de Bienes Raíces de Anthony en Torrance. Cuatro meses más tarde obtuve mi licencia y me contrataron en las oficinas de Century 21 en la avenida Pacific. Pocas mujeres latinas trabajaban en bienes raíces, por lo que se me ocurrió que podría llenar ese vacío. Les pagaba a Chiquis y a Rosie por repartir volantes para conseguir clientela en esa área y en mi primer mes vendí seis casas, que era algo rarísimo en esa oficina. Con ese dinero pude comprar mi primera casa en la calle 55 en Long Beach cuando tenía veinte años.

Estúpidamente, durante el tiempo que estuve en la escuela de bienes raíces, empecé a ver a Trino otra vez. Para ser una persona inteligente, ¡a veces podía ser una verdadera pendeja! Pero realmente estaba enamorada de él. Era el padre de mis hijas. Era el único hombre con el que me había acostado y, por eso, a pesar de todos sus defectos, yo todavía pensaba que podía hacer que funcionara nuestra relación.

Se vino a vivir a la casa de la calle 55, y por un tiempo hicimos que nuestra relación funcionara. Las cosas estuvieron bien entre nosotros durante un año, más o menos. A través de mis contactos en el trabajo él logró conseguir un trabajo como principiante de agente de préstamos. Lo metí al negocio y se puso a trabajar, por lo que no tenía mucho tiempo para pelear. Pensé que estábamos finalmente en un terreno estable, así que cuando me enteré de que estaba embarazada de nuestro tercer hijo, yo estaba feliz. Yo quería tener un niño y el 11 de septiembre del 1991, mi deseo se hizo realidad.

Mientras yo estaba agonizando con los dolores de parto, Trino se fue al carro y se quedó dormido. En un instante, pasé de tener cinco centímetros de dilatación a diez. La enfermera vino a verme y me dijo:

—Ya estás lista. No empujes todavía, voy por el doctor.

Pero mi niño no quiso esperar. Tan pronto como la enfermera

salió del cuarto, tuve a mi hijo sola. Yo estaba allí con mi hijo, el cordón umbilical todavía conectándonos, y me sentí completamente sola.

—Sólo somos tú y yo, mijo —le dije.

Pronto me di cuenta de qué tan ciertas eran esas palabras. Mi hijo no iba a tener a su padre presente en su vida. Le pusimos Trinidad, como su padre, pero años más tarde se cambiaría el nombre por el de Michael, destruyendo el último lazo que quedaba entre ellos.

7

Mi escape

Esperé mucho tiempo pa' ver si cambiabas
y tú ni me miras.

—De «Nieves de enero»

Subí sesenta libras cuando estuve embarazada de Michael, y después de que di a luz caí en la melancolía de la maternidad (nadie lo llamaba depresión posparto en ese entonces). Cuando menos lo esperaba, las peleas con Trino regresaron, y esta vez fueron peores. Una vez más me menospreció y me llamaba gorda. Luego se encabronaba y se ponía celoso por cualquier cosa. Yo ganaba más dinero que él y era responsable de la mayoría de nuestros gastos, de criar a nuestros tres hijos y del pago de la hipoteca. Tal vez eso le hizo sentirse inseguro, así que trataba de menospreciarme. ¿O quién sabe qué chingados le pasaba?

Es increíble lo adictivas que las relaciones violentas pueden llegar a ser. Durante mucho tiempo seguí regresando por más, y cada vez que lo hacía, de alguna manera pensé que estaba fortaleciendo nuestro amor. Parecía imposible para mí vivir sin el padre de mis hijos y el primer amor de mi vida. No ayudó mucho que todavía estuviera decidida a ser como mi madre y a seguir trabajando en mi relación para siempre. «Nunca podré estar con otro hombre», pensaba. Mi padre no me lo permitiría. Sin embargo, con los años, mi padre se dio cuenta del desmadre que era nuestra relación. Yo no lo sabía en ese momento, pero Rosie le contaba sobre todos los abusos que presenciaba cuando dormía en mi casa. Y cuando vivíamos en la casita de atrás o en la casa cerca de la calle 55, el resto de mi familia escuchaba nuestras peleas. Por difícil que fuera para ellos, mi padre les dijo a mis hermanos que nunca se metieran en mi relación y mejor se ocuparan de sus asuntos. Por eso ellos no se metían.

Pero un día, a principios del verano de 1992, mi padre me sorprendió al no seguir su propio consejo. Estábamos sentados en la mesa del comedor en su casa en Ellis Street. Me miró y me preguntó:

—¿Qué no hay otros hombres en el mundo, mija? ¿Por qué estás tan terca con este? ¿No te sientes digna de ser amada y admirada por otros peces en el mar?

Me sorprendió, pero me sentí feliz de oírle decir esas palabras. Me quiso decir que si algún día conocía, salía o me enamoraba de otra persona, yo tendría su bendición. Pensé que como él era el jefe de la casa, el resto de mi familia tendría que estar de acuerdo también.

Estaba harta de seguir aguantando las chingaderas de Trino. En agosto de 1992 me dio una cachetada por última vez. Estaba demasiado cansada para pelear; llamé a la policía y metí al cabrón a la cárcel. Esta vez terminamos para siempre. Algo en mí finalmente dijo: «¡No más!».

Mientras él estaba en la cárcel, comencé a salir con mis amigas. Tenía veintitrés años y nunca había ido a un club, casi nunca salía. Cuando quedas embarazada a los quince años y estás casada con un pendejo como Trino, ese tipo de cosas se las lleva el viento. Ahora que él ya no me estaba diciendo cómo vivir mi vida, pude recuperar algo del tiempo perdido. Aprendí cómo divertirme, a beber y a dejarme llevar. Me encantó poder volver a bailar como cuando era joven y sin preocupaciones, así como lo hacía aquellas veces cuando asábamos carne en el patio, o en el cuarto de mis padres.

Dondequiera que fuera, la música siempre retumbaba y yo siempre la cantaba. Pero yo no había puesto pie en un escenario para cantar desde aquel concurso de canto cuando tenía once años. Una noche, cuando estábamos en El Rancho Grande, un club nocturno en Carson, un amigo me dijo:

—A que no te atreves a ir al escenario y cantar.

Luego otro amigo le dijo:

—¿Cuánto quieres apostar a que no se atreve?

Eso era todo lo que necesitaba escuchar y ellos lo sabían. Me acerqué al escenario y le dije al grupo norteño que estaba tocando que yo quería cantar «Nieves de enero». Chalino Sánchez había fallecido ese año y en aquel tiempo la canción era muy popular. Me paré delante de toda la gente y, tan pronto como las primeras palabras me salieron de la boca, me llené de emociones encontradas. Me recordó lo mucho que me encantaba la sensación de estar en el escenario. Me recordó que tenía una voz. Cuando terminé, todo el club comenzó a aplaudir y a echarme porras. Me sentí como si pudiera volar.

Habían pasado doce años desde ese día en 1980 cuando le dije a mi padre que nunca me acercaría otra vez a un micrófono; pero él estaba en lo cierto, un día iba a terminar nuevamente en el escenario sin que él me tuviera que empujar o convencer. Sólo había necesitado una apuesta. Después de esa noche me decidí a grabar un álbum completo para mi padre como regalo de cumpleaños. Sabía lo mucho que significaría para él, y me divertí haciéndolo. Entré en un estudio y canté bajo el nombre de Jenni «La Güera» Rivera. El título del álbum fue «Somos Rivera». Nunca pensé que alguien además de mi padre llegaría a oírlo, pero él se enamoró del álbum y me preguntó si podía promoverlo bajo su propio sello discográfico, Cintas Acuario.

—Haga lo que quiera con él, apá —le dije—. Es de usted. Pero si va a promoverlo, utilice el nombre de Jenni, con una *i*.

Nunca imaginé lo que sucedería después, pero ese álbum fue lo que lanzó mi carrera musical. Claro que no me convertí en una súper estrella de la noche a la mañana, pero recibí algunos buenos comentarios que me hicieron pensar que tal vez mi padre tenía razón, tal vez tenía un futuro en la música. Pero tan pronto como me empecé a ilusionar, me vine abajo otra vez.

En 1994 conseguí que me contrataran para hacer un pequeño concierto en Encenadas Baja California para abrir para otra cantante, que era una de las artistas de mi padre. Tuve que invertir dinero para la gasolina, la comida y un nuevo vestuario, y me estaban pagando sólo 300 dólares. Mientras caminaba hacia el baño, escuché a un amigo de mi padre hablando con el gerente que me había contratado. Estábamos afuera y yo caminaba en el pasto, por eso no me escucharon acercarme.

—¿A quién invitaste para abrir el concierto? —escuché al amigo de mi padre decir.

—Tengo a esta muchacha nueva, Jenni Rivera —le contestó el gerente.

—¿Por qué la invitaste? No puede cantar. Es fea y tiene mala actitud.

Me hirieron mucho sus palabras y me empecé a encabronar. Mi padre había producido la música de la hija de este cabrón, ¡y ahora aquí estaba diciendo chingaderas de mí con otras personas de la industria! Me subí al escenario poco después de eso y canté con todo mi corazón, tratando de probarme a mí misma, más que a nadie, que el escenario era para mí. Pero aún así yo no estaba tan segura. Todo lo que quería era volver a casa con mis hijos. Tan pronto como terminé, fui con el gerente para pedirle mis 300 dólares.

—Oh, sí voy a pagarte —dijo—. Pero después de que te acuestes conmigo.

Me encabroné como no tienes idea, pero no pude hacer nada más que decirle a ese pendejo que se fuera a la chingada y salí de allí sin que me pagaran. Cuando llegué a casa, le dije a mi padre:

—Nunca voy a volver a cantar, esta industria es un asco. No voy a aguantar estas chingaderas. Puedo ganar más dinero en los bienes raíces de todos modos.

—Entiendo, mija —respondió—. Pero por favor, hazme un último favor. Graba un álbum más. Ya tengo las canciones, tengo la letra. Sólo una vez más.

Nunca pude decirle que no a mi padre. Grabé ese segundo álbum, y el resultado fue que le llamó tanto la atención a unos representantes de Balboa Records, que terminé por firmar un contrato para grabar un tercer disco con ellos, al que titulé *La Maestra*.

Cuando Trino se enteró, comenzó a venir a la casa y a la oficina de bienes raíces tratando de convencerme de que le diera otra oportunidad. Pero no pudo. ¡Ni madres que iba yo a recorrer ese camino otra vez! Ya estaba harta. Cuando le dejé bien claro que ya todo había acabado, Trino respondió con palabras que nunca olvidaré:

—¿No quieres regresar conmigo aunque tengamos tres hijos? ¿Crees que la vas a hacer en esa estúpida carrera de cantante? Escúchame, tú nunca vas a triunfar como artista. No eres original. Cantas como Graciela Beltrán y siempre te compararán con ella. Nunca te tomarán en serio. Tienes que dejar esos sueños estúpidos a un lado.

Una parte de mí quería decirle que él era el idiota, pero había hablado con tanta pasión que la otra parte de mí se preocupó porque él podría tener razón.

Aunque me dio gusto demostrarle a Trino todo lo contrario, en realidad yo no estaba persiguiendo seriamente una carrera en la música, porque la mitad del tiempo ni siquiera me pagaba.

Cuando tuve mi primer concierto fuera de California, uno de mis hermanos me acompañó. Fue en Washington, DC, y volamos un día antes para ver la ciudad.

Esa noche de mi concierto me iban a pagar unos cuantos miles de dólares, pero al final de la noche, el gerente que me había contratado no quiso pagarme. Dijo que su socio no le había dado el dinero. Mi hermano estaba listo para partirle la madre al gerente, pero yo le dije que en vez de eso, lo hiciéramos llevarnos a casa de su socio para pedirle el dinero. Pero el socio del güey no tenía el dinero tampoco. Así que obligamos al cabrón tomar un bate de beisbol y ponerle una chinga al carro de su socio.

Luego lo llevamos al parque y lo hicimos que se desnudara. Mi hermano echó las llaves del carro entre los árboles y dejamos al hombre ahí desnudo buscando sus llaves bajo la luz de la Casa Blanca. Solo para que supiera que es mejor no meterse con los Rivera.

Romper con las cadenas pesadas que me ataban a Trino fue una de las decisiones más inteligentes que jamás haya tomado. También fue una de las más difíciles. Yo realmente lo amaba, pero amaba más a mis hijos y no podía volver con él otra vez.

Alrededor de un año después de que Trino y yo nos separamos, el mercado de los bienes raíces se vino abajo una vez más. Mientras tanto, el álbum que había grabado para Balboa Records no había pegado porque se negaron a promoverlo. Estaba en un hoyo y luchando para mantenerme al día con los pagos de la casa, manteniendo sola a los niños porque el pendejo de Trino no quería darme ni un centavo. Me vi obligada a poner mi orgullo a un lado y fui a pedir ayuda del gobierno. Quería morir de la vergüenza.

Hubo un mes que no pude pagar el agua y mis hijos no tuvieron de otra más que aguantarse hasta llegar a los baños de la escuela. Pero un día, Chiquis no se aguantó, hizo caca en el baño de la casa y no pudo bajarle al guáter. La vi saliendo del baño actuando un poco rara. Yo sabía que algo estaba pasando, por lo que caminé hacia el baño, donde me encontré a Jacqie comiéndose la caca de su hermana. ¡Estaba embarrada de pies a cabeza! El cepillo estaba cubierto de mierda. Los azulejos del baño estaban embarrados también. Grité con horror, no tenía agua para limpiarla y ella seguía diciendo:

—Lo siento, mami. Lo siento.

No tuve de otra que ponerme a reír. Tiré la ropa, el cepillo, las toallas de baño y luego fui a lavar a Jacqie con la manguera del vecino.

Aunque me las estaba viendo duras, emocionalmente estaba mucho más estable. Estaba libre del control de Trino, de sus constantes críticas, su machismo pendejo y su horrible mal humor. A continuación, el universo se apiadó de mí y el mercado de bienes raíces mejoró, incluso tomó más fuerza que antes. Dejé de recibir ayuda del gobierno, ¡y llegué a ganar hasta 24,000 dólares al mes! Por primera vez en mucho tiempo pude respirar con alivio.

El 25 de febrero de 1995 me fui con una amiga a El Farallon. Marisela, la viuda de Chalino Sánchez, se había convertido en una buena amiga después de la muerte de su marido. Nos convertimos en aliadas y nos apoyábamos cuando la vida nos hacía llorar. Así como yo había estado con ella para apoyarla después de la muerte de Chalino, ella quería estar conmigo durante mis dificultades. Mi hermano Juan, que tenía dieciséis años de edad en ese entonces, había sido arrestado por intento de venta y transporte de drogas. Marisela sabía que mi hermano era mi angelito, era mi compañero. Yo lo metía a escondidas a los clubes y a bares y en cualquier lugar al que fuera a divertirme. Era mi acompañante, mi «Cara de Ángel» y mi protector.

Cuando Trino venía a mi casa para tratar de pegarme, yo llamaba a Juan, que corría las tres cuadras de la casa de mis padres a la mía con un bate de beisbol en la mano. Él me defendía y mandaba al pinche de Trino a la chingada.

Me dio mucha pena no poder ver a Juan por seis meses, en tanto pagaba su condena en el Camp Mendenhall en Lake Hughes. Cuando mi madre me llamó llorando para darme la noticia del arresto, me desmoroné. Ahora Marisela quería asegurarse de que yo no me quedaría encerrada en la casa chillando, así que esa noche me llevó a ver a El Puma de Sinaloa, mi artista local favorito, que se presentaba en El Farallon.

En ese entonces yo aún no estaba poniendo mucho esfuerzo en sobresalir con mi música porque el dinero no era estable y no se podía confiar en la industria. Desde niña he sido una mujer de negocios antes que nada y estaba destacando en el sector de bienes raíces. Había comprado una casa en Compton, en Aprilia Avenue, donde vivía con mis tres hijos y por fin ya no tenía que preocuparme por saber si podría pagar el agua al fin del mes. No estaba dispuesta a renunciar a todo eso y ponerme a merced de una industria que a menudo es cruel y engañosa. No me comprometería con la música hasta que esa cruel y engañosa industria estuviera dispuesta a ofrecerme lo que yo quería: que me promovieran y me pagaran. Así que a pesar de que Marisela y muchos otros creían en mí y trataban de que me concentrara en mi carrera de cantante, yo no podía hacerlo. La música seguía siendo algo secundario.

Sin embargo, un corrido que escribí llamado «La chacalosa» había llamado la atención y me consiguió un fiel grupo de admiradores en Los Ángeles. La canción contaba la historia de una mujer narcotraficante que era la más chingona en el negocio y lo estaba dominando. En ese entonces el área de Los Ángeles tenía una gran cantidad de narcotraficantes populares. Mi corrido les llamó la atención y muchos de esos mafiosos sabían quién era yo y me respetaban. Nos veían a Marisela y a mí en los clubes y se aseguraban de que estuviéramos bien atendidas. Esa noche un narco insistió en que yo cantara «La chacalosa» para él. Hizo que el DJ dejara de tocar y ordenó al grupo norteño en vivo que tocara lo que él quería oír. Vino a nuestra mesa y dijo:

—Ve al escenario y canta mi corrido, muchacha. Te pagaré lo que quieras.

¡Por supuesto, que no le iba a cobrar al hombre ni un centavo!

—Aviéntate —me dijo Marisela con una mirada de aprobación.

Me subí al escenario con El Vampiro y Sus Fantasmas y comenzaron a tocar «La Chacalosa». A mitad de la canción, un hombre moreno, alto y guapo subió al escenario con un amigo y le pidió al fotógrafo del club que tomara una foto Polaroid de nosotros tres, mientras yo seguía cantando. Como ya me estaba acostumbrando a la atención de la gente, no me molesté.

Marisela y yo salimos del club con el resto de los clientes VIP a las dos y media de la mañana. Caminamos hacia el estacionamiento, donde sólo había unos pocos carros. Mientras caminábamos hacia mi Toyota Camry, notamos que dos hombres caminaban en nuestra dirección. Cuando se acercaron, me di cuenta de que uno de ellos era el hombre guapo que se había tomado una foto conmigo y el otro uno de sus amigos.

—Hola, Jenni —dijo el hombre, y se presentó como Juan.

Hablamos un poco y luego nos invitaron a cenar a Las Playas, un restaurante en la ciudad de Bell que estaba abierto las veinticuatro horas. Marisela fue cuidadosa y respondió que no podíamos.

—Vámonos, güera —me murmuró—. No los conocemos. Ya es bien tarde de todos modos.

—Gracias, pero no podemos ir —le dije a Juan—. Fue un placer conocerte.

No me quitaba los ojos de encima.

—Entonces dame tu autógrafo y tu número de teléfono.

Se los di.

8

Dame la serenidad

¿Por qué debería seguir amándote,
cuando sé que no eres de confiar?
—De «Wasted Days and Wasted Nights»

Juan y yo empezamos a salir una semana después de que nos conocimos. Desde el principio estuve loca por él porque era muy guapo, dulce y atento. En agosto, sólo cinco meses después, nos fuimos a vivir juntos. O mejor dicho, él se mudó a mi casa en Compton. Ahora que lo pienso bien, ¡no sé qué diablos estaba pensando!, las cosas deberían haber sucedido de otra manera. Podría haberle dicho que ya era tiempo de que se fuera cuando pasaba más de tres noches en mi casa, pero no dije nada. Estaba tan ciega que no me di cuenta de que una vez más iba camino a la destrucción. Estaba enamorada, y el amor te apendeja.

La relación entre Juan y yo no era tan difícil y dramática como la que tuve con Trino. Fue, sin embargo, igual de adictiva. Como no teníamos tantas discusiones y desacuerdos nos divertíamos más, y desde el principio pasamos mucho tiempo juntos. Íbamos al cine

(¡no había ido a un cine desde que quedé embarazada de mi primera hija!) y a clubes. A los dos nos encantaba bailar y nos gustaba ir a El Mercadito en el este de Los Ángeles para escuchar mariachis en vivo y participar en los concursos de beber patrocinados por Corona. Teníamos algo más en común, algo importante: el amor por el beisbol. A diferencia de Trino, Juan practicaba deportes y estaba en un equipo de beisbol. Los niños y yo íbamos a sus juegos todos los fines de semana. Ya que teníamos tantos intereses en común y como yo no actuaba como una mujer normal, él dijo que era fácil para él enamorarse de mí.

—No me aburro cuando estoy contigo —me decía—. Es igual que pasármela con los amigos.

Yo sentía lo mismo por él.

Creo que es normal (o al menos espero que sea) ser más ingenua y mensa cuando se es joven. Es fácil enamorarse de alguien por su apariencia, sin tener en cuenta si la persona tiene otras cualidades. Eso es lo que me pasó con Juan. No me importaba que él no fuera tan ambicioso como yo, o que no tuviera ningún interés en crecer espiritual o moralmente. No me importaba que, a los veintitrés años, él tuviera tres hijos con tres mujeres diferentes, que no mantuviera siquiera a uno y sólo de vez en cuando los visitara. No se me hizo raro al principio de nuestra relación cuando me pidió que pagara por un par de rines de Dayton para el Grand Marquis que manejaba. Nunca me pregunté por qué no se ofreció a devolverme el dinero. Mientras me metía en más y más deudas y no conseguía vender suficientes casas, tuve que incluir los rines y la tarjeta de crédito con la que los compré en mis documentos de bancarrota, bajo el Capítulo 11. Llámame tonta. Llámame loca. Llámame lo que quieras. Lo sé, era una mensa disfrutando al máximo del «amor verdadero». No podía ver más allá de mis narices.

A pesar de sus muchos defectos, Juan tenía virtudes valiosas.

Era respetuoso con mi familia y mis niños porque quería mantener una buena relación con mis seres queridos. No era posesivo o celoso como mi ex marido y no me cuestionaba o interrogaba cada vez que salía de la casa. Quería que saliera adelante, pensaba que yo era inteligente y podía contar con su apoyo si quería continuar con mi educación. Me dio el espacio suficiente para salir a buscar clientes de bienes raíces. Creía en mi talento y aunque yo todavía no tomaba en serio mi carrera como cantante, él sabía que si lo intentaba, algún día podría lograrlo.

—Mi mujer va a ser la mejor cantante —me decía a mí y también a su familia.

También, a diferencia de Trino, yo tenía una hermosa relación con la familia de Juan. Él sabía que yo lo amaba y yo sabía que él me amaba también. Considerando todo eso, yo quería quedarme con él para siempre. Estaba segura de que esta relación funcionaría.

Sin embargo, no siempre fue una luna de miel. Claro, fue bonito al principio, pero las cosas empeoraron cuando menos lo esperaba. En enero de 1996, con el dinero que había ahorrado después de vender algunas casas, tuve la oportunidad de dar el enganche para comprar una con un préstamo del departamento federal de vivienda. Compré una casa en Keene Avenue, en Compton. Como me había declarado en bancarrota en 1995, no podía comprarla a mi nombre, por lo tanto el préstamo y el título tenían que estar a nombre de Juan. Pagué por el enganche de la casa, pero él era el propietario legal. Yo confiaba en mi hombre, ¡qué idiota!

Nuestras peleas nunca fueron tan violentas y físicas como las que tenía con Trino, pero tuvimos nuestras mini peleas de vez en cuando. Había algunos empujones por aquí y por allá. Si no me equivoco, fue el 16 febrero de 1996, una noche de fin de semana. Los niños estaban de visita con Trino y su nueva novia, Dora, como lo hacían cada fin de semana. Juan y yo tuvimos un pleito sobre algo tan insignificante que ni siquiera puedo recordar lo que era. Para calmarme, me fui de compras a Target en Carson por un par de horas. Cuando llegué a casa, él se había ido.

Nuestro cuarto olía a su colonia y la plancha estaba fuera. Esa noche teníamos planes de ir a la boda de su amigo. No podía creer que se hubiera ido sin mí. Me quedé en casa y lo esperé. Llegó la medianoche; la 1:00; luego las 2:00. Y aún no regresaba. Estaba furiosa y pensé en cómo vengarme de él. Finalmente, a las 2:30 de la mañana su carro se detuvo afuera. Yo estaba escondida al lado de la casa y, tan pronto como el motor se apagó, brinqué y grité:

—¡Sorpresa! —Con toda mi fuerza le tiré un ladrillo a la ventana de su Grand Marquis. La vi romperse en pedazos y corrí volando a la casa. Oí que me la mentaba cuando corría por el patio, por la sala, hacia nuestra recámara. No alcancé a llegar. Me agarró en el pasillo. Nos empujamos, nos jaloneamos, nos aventamos. Le arranqué del cuello su cadena favorita. ¡Era como si le hubiera arrancado un huevo! Entonces me empujó demasiado fuerte y como yo no iba a tolerar otra vez ningún abuso físico de nadie, llamé a la policía de Compton.

Cuando llegó la policía, yo estaba sentada en la sala. Para entonces Juan estaba mucho más tranquilo y podía razonar mejor que yo. Los policías le pidieron que se fuera para evitar una nueva confrontación.

—No puedo —dijo Juan—, estuve bebiendo.

—Entonces no me dejas otra opción —dijo el oficial—. Vamos a tener que arrestarte.

—Si me arrestan, tienen que arrestarla a ella también —le dijo Juan mientras mostraba las marcas de los rasguños que le había dejado en el pecho.

El oficial se volvió hacia mí.

—¿Usted le hizo eso, señora?

—¡A huevo que sí! —le contesté y subí mis manos para que me pusiera las esposas.

Juan me miró.

—Jenni, detente. Todavía podemos retirar los cargos. Sé inteligente.

—Ni madres, pendejo —le respondí—. Vámonos a la cárcel.

Nos llevaron en patrullas separadas. Yo no podía creer que realmente esto estuviera pasando. Ahí estaba la pendeja, en una patrulla, mientras los policías entraban en una tienda de donas en la Rosecrans y la Central. Luego me llevaron a la cárcel de Compton. Me senté en el suelo frío y duro preguntándome qué chingados estaba pensando. Los policías nos entrevistaron y trataron de mediar la situación. Fue entonces cuando oí que Juan dijo:

—Bueno, la casa es mía. No de ella.

Esta fue la primera vez que reveló su naturaleza verdadera: era un cabrón avaricioso, y esa fue una señal de alerta de lo que estaba por venir. Estaba muy encabronada con él y aún más conmigo.

Llamé a mi hermano Juan desde la cárcel esa noche. Aunque me iban a soltar en unos días, Juan le pidió a mis padres que pagaran la fianza. No podía soportar ver a su hermana encarcelada. Después del caso de OJ Simpson cambiaron muchas leyes que tenían que ver con la violencia doméstica. Las fianzas eran mucho más caras y mis padres tuvieron que presentarse con el 10 por ciento de 50,000 dólares, además de poner el título de su casita como garantía. Por supuesto que les reembolsé los 5,000 dólares tan pronto como pude. Eso me pasó por ser tan estúpida.

Eventualmente, Juan y yo retiramos los cargos mutuos. Me di cuenta de que en muchos incidentes, antes y después, yo era la culpable. No era perfecta. Algo muy bueno de Juan era que perdonaba y olvidaba fácilmente. Prometimos poner más de nuestra parte y esforzarnos más para que nuestra relación funcionara por el bien de nuestro amor y el de los niños. Juan me dijo que a pesar de nuestras diferencias y problemas, él no quería verme con nadie más.

Nuestros esfuerzos dieron resultado por un tiempo, hasta que el primero de agosto de ese mismo año lo arrestaron y lo condenaron por contrabando de inmigrantes indocumentados. Durante los siete meses que estuvo en prisión fue trasladado a El Centro, California; a Arizona; a Oklahoma; y finalmente a un centro penitenciario en Big Spring, Texas. Quería asegurarme de hacer todo lo posible para que esos siete meses no fueran tan duros para él. Lo amaba, tenía que ser su vieja «gánster» y respaldarlo. Durante el fin de semana de Acción de Gracias compré un boleto de avión y volé a Texas para verlo. Renté un carro, manejé bajo la lluvia y me perdí camino a Big Spring. No me importó. Sólo pensaba en sorprenderlo y en que él supiera lo mucho que lo amaba. Me quedé en un hotel el fin de semana y lo visité todos los días. Hablamos de lo que íbamos a hacer cuando él saliera, cómo los dos íbamos a mejorar por los demás y por nosotros mismos. Le conté que había ido a diferentes estaciones de radio para darles una copia original de «La chacalosa», pero en ninguna de ellas tocaban mi canción porque yo no le «pagaba» a los locutores. Me dijo que no me preocupara, que un día yo iba a ser una gran estrella. Estaba seguro de eso.

Avancemos dos meses. Imagíname esa noche sentada en la acera en una calle de Compton, esperando a que se fueran los tres hombres en el carro deportivo de color blanco en el que me habían violado. Ahí estaba yo, temblando del dolor y la vergüenza de lo que me había sucedido; todavía podía oír a ese monstruo de ojos verdes decir: «¿No eres tú la vieja de El Cinco?», y me oía a mí misma responder: «¡Déjame en paz, cabrón!», una y otra vez.

Me senté en el pavimento por mucho tiempo después de que vi las luces traseras desaparecer. Quería asegurarme de que se hubieran ido realmente. Cuando sentí de verdad que no iban a volver, me levanté de la banqueta y me subí a mi carro para llegar a casa.

Esa noche no pude dormir. Me senté en la oscuridad, sola, destrozada por dentro. Ya no me sentía como la misma Jenni. Desde que era una niña, yo era una guerrera. Podría enfrentarme a cualquiera de los muchachos del barrio. Pero ahora mi voluntad se había desmoronado. Ya no era la muchacha valiente, invencible, que mi padre y mis hermanos habían creado. Había perdido mi primera pelea.

Una mezcla de miedo, de tristeza, de odio y una vergüenza profunda se apoderaron de mí. Volví a vivir el trauma en la cabeza una y otra vez, preguntándome qué podría haber hecho de otra manera. ¿Por qué me salí del pinche carro? ¿Por qué no me memoricé sus placas? ¿Por qué no me metí en la gasolinera de la Avenida Central y grité para pedir ayuda? ¿Por qué no les di una puta patada en los huevos como mis hermanos me habían enseñado? Decidí que no le diría nada a nadie. No llamaría a la policía, no preocuparía a mis padres ni a ningún miembro de mi familia, no me atrevería a decírselo a mis hijos. En cambio, me lo guardé dentro y caí en una profunda depresión. No quería que nadie supiera que ya no era la chingona inteligente de la que mi padre estaba tan orgulloso. Esa Jenni se había ido para siempre, había desaparecido en la parte de atrás de ese carro deportivo de color blanco.

Juan salió libre tres semanas más tarde, el 14 de febrero de 1997. Fui por él a eso de las 8:00 pm al aeropuerto de Los Ángeles, LAX. Hice mi mejor esfuerzo para ocultar que estaba pasando por un momento difícil. Había estado deprimida y sufriendo profundamente desde la noche de la violación. Muchas veces Juan entraba en nuestro cuarto y me encontraba llorando sin consuelo.

—Ya no me quieres, ¿verdad? —decía—. No pareces feliz de que haya regresado.

—Por favor, tenme paciencia ahora, *babe*. Te necesito en este momento. Te quiero mucho, más de lo que imaginas.

Lo que no podía imaginarse él era que yo ya no era la misma mujer que había dejado cuando lo metieron a la cárcel. Él no tenía idea de lo débil que mi mente estaba o del trauma que había sufrido. Nos abrazamos fuertemente esa noche, lloramos hasta que nos quedamos dormidos.

Después de unos días, ya que sentía que me estaba volviendo loca, le dije lo que había pasado. Durante años, nunca volví a decirle a nadie más mi secreto. Pero en esa ocasión, confiar en Juan me hizo sentir bien por dentro. Me abrazó con muchas ganas de hacerme sentir mejor. Le describí al hombre con los ojos verdes que entre dientes me dijo: «¿No eres tú la vieja de El Cinco?», y mientas le contaba eso, yo me preguntaba si Juan sabía de quién le estaba hablando. Pero no dijo nada.

Al poco tiempo, Juan comenzó a trabajar en Fairchild Fasteners en Torrance. Mi hermano Gus trabajaba allí y recomendó a Juan para un puesto bien pagado. Sin embargo, como Juan sólo era residente permanente de los Estados Unidos y había cometido un delito grave, comenzaron los procedimientos para deportarlo del país. Después de analizar todas las opciones, el abogado que contratamos nos dijo que la única manera de evitar la deportación sería que Juan se casara con una ciudadana de los Estados Unidos. Entonces, ¿qué hice? ¡Exactamente lo que se imaginan!

Nos casamos en una ceremonia civil en el Norwalk City Hall el 9 de junio de 1997. Yo estaba ahí con mi novio, mis tres hijos, y en mi cuarto mes de embarazo de mi cuarto hijo. Juan estaba emocionado de que fuéramos a tener un hijo, pensaba que eso nos mantendría unidos. Yo no estaba tan feliz porque imaginaba que esto sería el fin del pequeño éxito que había logrado alcanzar con mi canción «Las malandrinas». La gente en la industria me aseguró que esta canción era un punto de partida para mí, ¡pero tenía que quedar embarazada otra vez! Aunque yo no estaba tan encantada de tener otro hijo, sí estaba feliz de que por fin tendríamos una cierta estabilidad en nuestra relación.

Una parte importante de esta nueva paz se debió a que empezamos a ir a la iglesia. Estábamos creciendo espiritual y emocionalmente. Sentí que el lazo entre nosotros se hacía más y más fuerte. Estaba feliz de haberme casado, aunque no había sido por todas las razones correctas ni en las mejores circunstancias. No tuve la boda que siempre había soñado, pero pensábamos tenerla algún día. Nuestro amor, según nosotros, merecía ser celebrado en una ceremonia religiosa. Necesitábamos la bendición de Dios.

En los meses posteriores a nuestro matrimonio, fuimos fieles asistentes de los servicios en Ministerio Logos, una iglesia bautista donde mi hermano Pete era el asistente del pastor. Íbamos todos los miércoles, viernes y domingos. Pete y el Pastor Mejías enseñaban la Palabra de Dios de una manera que nunca me habían enseñado antes. Mi razón de vivir era mucho más clara, al igual que mi espiritualidad. Sentí que por primera vez había encontrado la paz. Yo era buena. Dios era bueno. Y descubrí que él trabaja en formas misteriosas para mostrarnos su bondad.

Un domingo insoportablemente caliente en agosto de ese año, manejaba por la autopista 91 hacia nuestra iglesia. El pastor Tin Mejías nos había pedido a todos los miembros que asistiéramos ese domingo en particular. Había invitado a un profeta, Noé Sierra, para predicar y entregar la palabra de Dios. Muchos miembros de mi familia estaban allí. Mis hijos y yo nos sentamos en la banca, deseando desesperadamente oír las promesas positivas que nuestro Señor tenía para nosotros. Estaba muy emocionada. ¡Qué poco imaginaba lo que ocurriría!

Dios habló a través del profeta de una manera poderosa y sorprendente. Comenzó a llamar a los miembros y visitantes de la iglesia hacia el altar haciendo una oración especial para todos los que pasaban al frente. Profetizó para muchos esa tarde. Algunos iban a encontrar trabajo, algunos serían sanados de enfermedades, otros crecerían espiritualmente, algunos tendrían que hacer cambios para ser más felices en la vida... De pronto, vio a Rosie —que tenía dieciséis años— sentada tranquilamente en una de las bancas de la iglesia. La miró, la señaló y le pidió que fuera al frente.

—El Señor tiene una Palabra para usted, señorita —dijo—. Él quiere que le diga que usted es especial para Él. Él la ama.

Rosie empezó a llorar.

El profeta continuó:

—¡No más! Esto se termina ahora mismo, aquí mismo —dijo. El profeta tenía una mirada severa, pero tierna en su rostro—. En este momento todas las cadenas de la tristeza y la depresión se romperán. Usted ya no estará atada por los espíritus malos. Espíritu del abuso sexual, ¡sal de su vida!

Observé en estado de shock.

El profeta le dijo a Rosie:

—El espíritu de los abusos sexuales ha rodeado su vida desde que era una niña, la ha mantenido triste y atormentada. No ha podido ser una niña normal a causa de eso. Pero Dios me dice que le diga a usted, señorita, que aquí se termina. ¡Tristeza, no más! ¡Tormento, no más!

Estaba entumecida, pero sabía que realmente era el Señor quien hablaba a través del profeta aquel inolvidable domingo por la mañana.

No sé lo que el resto de nuestra familia pensó ese día, pero yo no quería que mi hermana se sintiera mal. No le pregunté acerca de lo que el profeta había dicho porque sabía que tarde o temprano lo que ella estaba viviendo saldría a la luz. Oré por su alma esa noche y pedí a Dios que me permitiera ayudarla en todo lo que pudiera. Le pedí que bendijera a la hermana que tanto amaba. Repetí la oración que había aprendido en el centro de rehabilitación cuando era más joven: «Dios mío, concédeme la serenidad para aceptar las cosas que no puedo cambiar, valor para cambiar aquellas que puedo y la sabiduría para saber la diferencia».

9

Dios no da más de lo que podemos soportar

En los peligros y aflicción
que yo he tenido aquí;
Su gracia siempre me liberó
y me guiará hasta el fin.

—De «Amazing Grace» de John Newton

El pastor decía:

—Dios no sólo conoce nuestras debilidades, sino que también conoce nuestras fortalezas. Cuando pasamos por experiencias difíciles, pruebas o tribulaciones, es porque Dios sabe que las podemos superar. Él sabe que aprenderemos de esas experiencias y podremos ayudar a quienes estén pasando por lo mismo. Dios nunca nos da más de lo que podemos soportar.

La predicación de mi pastor se repetía en mi mente ese sombrío 23 de septiembre de 1997. El pastor Tin me enseñó mucho acerca de la palabra de Dios y cómo usar sus enseñanzas en mi propia vida.

«Dios es bueno», pensaba mientras me encontraba de pie en la calle Market frente a la puerta del edificio donde estaba la oficina de mi hermano. Yo tenía siete meses de embarazo y no tenía ganas de arreglarme para ir al trabajo. En la oficina de Pete podía estar más cómoda. Ahí podía relajarme mientras esperaba que los niños salieran de la escuela que quedaba justo en esa calle. «Dios lo sabe todo», pensé mientras me frotaba la barriga, sintiendo a mi niña patear. Justo en ese momento, vi a Rosie caminando por la calle hacia la oficina. Mi hermosa hermana, pensé. La amaba tanto. Su existencia era una bendición en mi vida. Su pelo soplaba en el viento mientras ella entrecerraba los ojos por la fuerte luz del sol. Parecía estar perdida en sus pensamientos.

Cuando Rosie entró en la oficina, yo ya estaba adentro relajándome y tomando agua, tratando de llegar a las sesenta y cuatro onzas que mi ginecólogo dijo que debía beber todos los días. Cuando Rosie se sentó en la silla frente a mí, sentí que algo estaba mal.

—¿Qué pasa, hermana? ¿Cómo te fue en la escuela hoy? —le pregunté. Se quedó callada. Se veía triste mientras miraba hacia el suelo. Con Rosie nunca se podía saber cómo se sentiría ese día. Era tan tranquila a veces, y muy introvertida—. Rosie, ¿te pasa algo? Siento que me quieres decir algo, pero como que tienes miedo de decírmelo —le dije, mientras miraba fijamente sus hermosos ojos cafés—. Sabes que puedes decirme lo que sea, siempre puedes confiar en mí. Nunca te voy a juzgar —ella no decía nada—. ¿No quieres contarme lo que te pasa porque estoy embarazada? Sea lo que sea, lo puedo soportar, Rosie —Comenzó a llorar y el corazón se me rompió—. Lo puedo aguantar, Rosie —le dije de nuevo mientras las lágrimas rodaban por sus mejillas.

—Sí, tengo algo que decirte —dijo finalmente a través de las lágrimas—. Desde hace muchos años he querido decírtelo, pero no he podido.

—¿Qué pasa? —le pregunté, aunque temblaba de miedo de escuchar lo que tenía que decirme.

—Cuando tenía siete años, abusaron sexualmente de mí. Y siguió pasando hasta que cumplí los once años, pero nunca había tenido el valor de decírtelo.

El corazón se me partió en dos. Sentí que el suelo se desmoronaba bajo mis pies y mi cuerpo se estremeció de escalofrío. No sé si mi corazón empezó a latir más rápido o si dejó de latir por completo.

—¿Quién sería capaz de eso? ¿Quién fue? —Se tapó la cara con las manos y no respondió—. ¿Conozco a esta persona? —pregunté.

Contestó que sí con la cabeza.

Empecé a nombrar a todas las personas que conocía, una por una, y por último ella me detuvo y dijo:

—Fue Trino.

Caí de rodillas.

—¿Cómo? ¿CUÁNDO? ¿¡Dónde!? —grité. Rosie no estaba preparada para darme todos los detalles, pero yo no tenía ninguna duda de que decía la verdad: ese hijo de su puta madre había hecho lo imperdonable.

¿Cómo pudo hacerle eso a mi hermana? Él sabía lo mucho que la quería. Sabía lo que ella significaba para mí. ¿Por qué, Dios mío? ¿Por qué?

Sentía que me ahogaba del dolor pero Rosie no había terminado y dijo:

—Espérate. Hay más. —La miré a la cara y preguntó—: ¿En dónde está Chiquis?

No podía respirar. Sabía lo que su pregunta significaba. Pensé que mi corazón no podía romperse más de lo que ya se había roto. Mis dos bebés. ¿Cómo le pudo haber hecho eso a mis dos muñecas?

De nuevo sentí que la tierra se abría debajo de mí y grité sin parar. Grité tan fuerte que mis padres me escucharon desde sus oficinas al otro lado de la calle, me escucharon en los apartamentos de al lado y en el resto del edificio. Rosie se asustó por mi reacción. Salió corriendo para encontrarse con todos los que venían del otro lado de la calle para ver lo que me pasaba. Corrí detrás de ella. Luego volví a la oficina y luego volví a salir. No sabía qué hacer. Ramona, la esposa de Pete, fue la primera que llegó. Luego llegaron Lupillo, mis padres, después los empleados de la compañía discográfica y los vecinos del supermercado de al lado. No podía hablar. Era demasiado para mí aceptar lo que había descubierto. El dolor era insoportable. La mujer fuerte que yo había sido toda la vida se hizo pedazos. Necesitaba más valor y valentía. Necesitaba orientación.

—Dios. Querido Señor, por favor ayúdame —oré—. Te necesito. Por favor, dime qué hacer. Quítame este dolor, no puedo yo sola con esto. Por favor, no me abandones ahora —Estaba temblando, llorando y muriendo por dentro.

Chiquis había estado en la biblioteca pública mientras yo hablaba con Rosie. Mi cuñada Brenda había ido por ella. Cuando Chiquis entró en la oficina se dio cuenta de inmediato lo que sucedía Le pedí a todos que salieran de la oficina. Necesitaba estar sola con mi hija que tenía doce años de edad pero que era una niña muy madura. Se sentó en la misma silla en la que Rosie se había sentado, sabiendo que algo estaba muy, pero muy mal. Me senté en el escritorio frente a ella.

—Necesito que me digas la verdad —le dije.

—Se trata de mi papi ¿verdad? Se trata de lo que me hace —habló con una voz suave, sus zapatitos temblaban en el piso.

Traté de ser fuerte por ella. Aunque estaba hecha pedazos por dentro, no iba dejar que mi niña se diera cuenta.

—Sí. No tengas miedo, mamá va a entender —Ella fue muy valiente mientras me contó sobre el infierno que había estado viviendo desde que tenía siete años de edad. Abracé a mi hija contra mi pecho y le dije—: mamá va a arreglarlo todo. Mamá te va a cuidar.

Rosie y Chiquis me dijeron en detalle cuándo, dónde, cómo, cuán-

Pilly, Gus, Pupi y yo.

Mi hermano Juan y yo.

Mi madre y yo.

Mi padre y yo.

Yo en la tienda Video One.

El garaje donde viví con Chiquis.

En el *baby shower* de Chiquis.

Chiquis, Jacqie, Mikey y yo.

Mi pequeño soldado Johnny y yo.

Mis príncipes, mis princesas y yo.

Mi preciosa Jenicka con su vestido de quinceañera y yo. Dando gracias a Dios por ese día tan especial.

Rosie, Jacqie, Chiquis, Jenicka y yo.

Con mis hijas y mi nieta Jaylah.

En un concierto en la Feria de Querétaro en México
donde asistieron más de 80,000 fans.

Chapter 6 -

This is it. this is the most difficult chapter of my life. This is the story which is hardest to tell. the one that I believe both tore me down, and, exalted me. This is experience has been the most traumatic one in my life and therefore, the most difficult to overcome. For days, I've procrastinated and have tried to avoid writing this chapter. However, I know that I can't and I shouldn't. I believe in my heart that this is what God wants me to do. SOMEONE must do it. SOMEONE come forward and after all ends tell it as it is. SOMEONE must have the courage to let our people know how terribly serious sexual abuse can be to the life of a human being. We must let children know that it can happen to them and that it is not their fault. Mothers must know that there is hope and happiness after much suffering. Someone! let the latin community know that abuse and incest occur more of we want to imagine. ANYONE

tas veces y desde cuándo había estado ocurriendo esta pesadilla. TODO. Las dos sabían demasiado sobre el sexo. El hijo de su puta madre les había hecho de todo. Había robado su inocencia desde los siete y ocho años de edad. Había abusado de las dos por cuatro años. ¿Dónde estuve yo? ¿Por qué no me di cuenta? ¿Por qué no me lo dijeron?

De repente, la tristeza y el dolor se convirtieron en rabia. Salí corriendo de la oficina en busca de mis hermanos. Quería matar al hijo de perra madre ese mismo día. Quería golpearlo con un bate de beisbol. Lupillo y Juan estuvieron de acuerdo conmigo en que nosotros mismos nos deshiciéramos de él, pero Pete, Gus y nuestros padres nos dijeron que era lo peor que podríamos hacer.

Ramona nos rogó que entráramos en razón y que lo mejor era ir con la policía. Teníamos que hacer las cosas bien. Yo estaba demasiado llena de ira y con ganas de vengarme. A la chingada con la pinche policía, yo misma iba a matar a ese puto maldito. Eché un bate de beisbol en la cajuela de mi carro. Sólo en eso pensaba, pero luego mi padre me suplicó que no lo hiciera.

—No quiero que ninguno de mis hijos termine en la cárcel por asesino —dijo—. Ese no es el camino que quiero para mi familia. Hay que ser civilizados y dejar que la ley nos haga justicia. La policía se ocupará de él.

Mi madre estaba de acuerdo.

—Tu padre tiene razón. La venganza no te toca a tí, mija. Deja que Dios se encargue de esto. Por favor, no empeores las cosas, no podemos soportar más tragedias.

Las lágrimas de mis padres y su gran dolor me hicieron entrar en razón.

Fuimos a la comisaría para presentar una denuncia. Me senté en la sala de espera primero con Rosie y luego con Chiquis mientras una por una le contaron a los oficiales los detalles de lo que Trino les había hecho. Fue horrible escuchar su testimonio, pero tenía que ser fuerte por ellas. Tenía que hacerlas sentir que ya no había peligro y que tenían que decir todo lo que recordaban. Trino había empezado con Rosie una noche después de que él y yo tuvimos un pleito grande. Después de eso cada vez que nos peleábamos abusaba de ella. Era como si el cobarde estuviera tratando de vengarse de mí a través de mi hermana querida.

Se me fue el aliento pensando de nuevo en todas las peleas que tuvimos a través de los años y el miedo que Rosie debió haber sentido cada vez. La culpa me estaba sofocando por dentro. Trino le había dicho a Rosie que nos mataría a todos si decía algo y por eso se quedó callada. El abuso terminó una vez que le salió el vello púbico porque al parecer le daba asco al cabrón. Y fue entonces cuando empezó con Chiquis. Chiquis recordaba que el abuso empezó cuando ella tenía siete años, pero después de que llevé a las dos a que les hicieran los exámenes físicos, la evidencia mostró que Trino había estado abusando de ella desde los dos años de edad. También llevé a mi segunda hija, Jacqie, para que la examinaran, y los resultados fueron positivos. Ella también había sido abusada por su padre, aunque por suerte Jacqie no tenía ningún recuerdo de los abusos. Sinceramente, creo que Dios la protegió del trauma.

Cuando regresamos a la casa en Compton, Chiquis me confesó por qué nunca me había dicho lo que había estado pasando.

—Yo sabía que ibas a matarlo. Te conozco, mamá, si te lo hubiera dicho no sólo me hubiera quedado huérfana de padre, sino de madre también. Él estaría muerto pero tú estarías en la cárcel. Yo aprendí a perdonar a mi papá por lo que me hace. El pastor Tin dice que Dios quiere que perdonemos, eso es lo que aprendí en la iglesia, mamá.

No supe cómo responder. No sabía lo que estaba bien o lo que estaba mal. Lo único que sabía era que me estaba volviendo loca.

Esa noche mi locura se hizo aún más intensa. Los niños y Juan estaban dormidos, pero yo estaba despierta a las 3:00 de la mañana, sentada en el sofá delante de la tele, con un cuchillo en la mano. Quería matar a Trino o matarme yo esa noche. No quería seguir viviendo. ¿Para qué? La violencia doméstica, las dificultades de tener que depender del gobierno, las luchas constantes, mi propia violación. Y ahora esto. ¿Cómo podía suceder todo esto en una sola vida? ¿Cómo podía estar pasándonos esto a mi familia y a mí? Este era el tipo de cosas que yo había visto en el show de Cristina o de *Oprah*, pero nunca había esperado vivirlo en carne propia. No sabía cómo superarlo, no sabía si podría.

Lloré como una niña esa noche y muchas más. ¿Dónde estaba Dios?, ¿por qué permitió que esto sucediera? Pensé que él nunca nos daba más de lo que podíamos aguantar. ¿Cómo esperaba que yo superara esto?, ¿qué podría aprender yo de una experiencia tan horrible como esta?, ¿cuál era la lección detrás de esta pesadilla?

Ni siquiera quería saber las respuestas a mis preguntas. Sólo quería que el dolor se acabara, quería quitarme la vida. Pero Dios tenía otros planes para mí y no me dejó ir esa noche. Me dio fuerza para seguir adelante, poco a poco, con un hueco en el corazón y el alma pesada.

Cada vez que a Trino le tocaba llevarse a los niños yo le daba cualquier excusa para no dárselos y así darme tiempo para presentar la evidencia de los cargos. Después de unas semanas Trino se dio cuenta de que había sido descubierto y lo andaba buscando la policía. Desapareció.

No lo volvería a ver hasta nueve años más tarde, pero mis hermanos nunca dejaron de buscarlo. Ellos conocían a muchos en el mundo clandestino. La gente les decía: «Trino va a estar en una fiesta tal día y en tal lugar». Una noche nos fuimos a una casa en Long Beach, donde decían que Trino iba a estar. Mis hermanos estaban afuera esperándolo. Yo estaba nerviosa. Una parte de mí no quería que apareciera porque sabía que mi hermano Juan lo mataría. Trino siempre le había tenido miedo a Juan. Aunque era el Rivera más joven, era el más grande de tamaño y el más fuerte. Cuando se trataba de proteger a su familia, no se medía. Esperamos un rato, pero de Trino ni sus luces. Eso probablemente le salvó la vida a Trino y salvó a mi hermano Juan de ir a la cárcel.

En otra ocasión yo estaba preparando una fiesta familiar y Lupillo no llegaba. Lo llamábamos, pero no contestaba. Finalmente llegó a mi casa, aturdido y sin aliento. Había visto a Trino en la autopista y empezó a perseguirlo en su carro. Durante treinta minutos corrieron en chinga en la autopista hasta que Trino escapó. Sabíamos que Trino estaba en el área, pero se había escapado una vez más.

Puedo decir con toda honestidad que cuando descubrí lo que Trino les había echó a mis muñecas, todo cambió para mí. Mi alegría, mi dignidad maternal, mis ganas de vivir, todo eso se vino abajo. A pesar de que había tenido dificultades en mi vida, no fue hasta ese momento que aprendí lo que es en verdad sufrir. Cada día, cada minuto, cada segundo me dolía como no tienes idea. No tengo palabras para expresar el dolor que me estaba ahogando.

Por tanto estrés y agotamiento mental, mi hija, Jenicka Priscilla López, nació unas semanas antes de tiempo, el 3 de octubre de 1997. En una ocasión había orado para tener una hija que se pareciera a mí y mi oración se me cumplió con Jenicka. En el momento en que la pusieron en mis brazos, me dijeron:

—¡Es tu gemela! —Y aún me lo dicen. Era perfecta, muy dulce y muy paciente.

Desde que era pequeña yo le decía Shaniqua. ¡No me preguntes por qué! Les di apodos a todos mis hijos (y a todas las personas cercanas a mí). Apodos locos que tenían significado sólo para mí. A Jenicka le tocaron más: Shaniqua, Shannise, Chantilly Lace y Ebatanisha Washington.

Hice todo lo que pude para ser una madre feliz para mi nueva niña y mis otros hijos. Me esforcé para seguir siendo una buena esposa para Juan. Todavía vendía bienes raíces y trabajaba de tiempo parcial en el negocio de mi padre, como lo había hecho cuando estaba embarazada. Limpiaba la casa y me despertaba a las 4:00 de la mañana para preparar el desayuno y el almuerzo de mi esposo, antes de que él se fuera a trabajar a las 5:00. Me ocupaba de sus necesidades lo mejor que podía. Quería que estuviera orgulloso de mí. Necesitaba su amor y su apoyo más que nunca, y no quería fallar como esposa una vez más.

Desafortunadamente, para noviembre, sólo un mes después de que Jenicka nació, algo no andaba bien. Juan ya no era tan atento y cariñoso conmigo. Parecía distante y comenzó a actuar raro. Ya no le gustaba pasar tiempo conmigo como antes, ya no le interesaba que nuestra relación funcionara y ya no era importante para él. Al principio no le quise hacer mucho caso y traté de actuar como si no me hubiera dado cuenta de los cambios. Seguí siendo amorosa con él a pesar de que no me regresaba las caricias. Tenía miedo de que me dejara de querer. Lloré de rodillas con desesperación mientras le pedía a Dios cada noche:

—Por favor, Dios, no me hagas esto. No puedo pasar por esto ahorita. Por favor, haz que me quiera como antes.

Empezamos a pelear por todo. Todo lo que hacía o decía le molestaba. Que yo fuera a la iglesia, escuchara música o dijera cualquier cosa, lo molestaba. No le gustaba que tocara a Tupac o Biggie cuando él estaba cerca. Cambiaba la música y ponía algo más romántico, como Sade o Kenny G, pero eso sólo empeoraba las cosas. Teníamos que escuchar las chingaderas que él quería tocar. Lo que cocinaba ya no le gustaba. Ahora resultaba que el lavabo no estaba limpio o los niños estaban haciendo ruido. Ni siquiera yo estaba ya a la altura.

Una noche, los niños y yo estábamos en la sala de nuestra casa en Compton viendo los premios Grammy. Juan no estaba. Salía de la casa muy seguido, y yo me preguntaba si me estaba engañando. Se iba a trabajar temprano, bien vestido y perfumado. «Pero Juan siempre ha sido así», pensé, «y me ama». Y él sabía que yo estaba pasando por un momento muy difícil. No se atrevería a empeorar las cosas porque yo estaba lidiando con lo de Trino y las niñas, acabábamos de tener una hija y hacía poco nos habíamos casado para salvarlo de la deportación. Todos estos pensamientos estaban pasando por mi cabeza mientras yo estaba viendo a los ganadores del Grammy pasar al escenario a recibir su premio.

—¡Mamá! —Jacqie, mi hija de ocho años de edad gritó—. No me estás escuchando, ¿verdad?

—¿Qué? Claro que sí.

—¿Por qué dejaste de cantar? Puedes ganar un Grammy un día —dijo con su vocecita inocente.

—Sí, mamá —dijo Chiquis— ¿Por qué no vuelves a cantar? Puedes ganar un Grammy, o al menos ser nominada para uno.

«Mis pobres niñas», pensé. Si supieran lo difícil y lo fea que es la industria de la música. Si supieran lo difícil que es ser una artista mujer en mi género. Si ellas supieran que dejé de cantar porque tenía el espíritu muy aplastado desde la noche en que me violaron. Nunca les dije la verdad. Tenían más visión y fe en mí que cualquier otra persona; tenían más visión que su propia madre. Todos mis hijos eran soñadores, y esa noche sus sueños fuera la chispa que encendió mi alma. Unos días más tarde, cuando mi padre me pidió que grabara otro CD para él, decidí darme otra oportunidad. Lo menos que podía hacer por mi padre era grabar el álbum de corridos que él tanto anhelaba.

En junio de 1998 me llamó a su oficina en La Música del Pueblo, una de las tiendas de discos de la familia que estaba en Pacific Avenue en Huntington Park. Me dijo que había oído que mi marido Juan se andaba metiendo con varias mujeres en el trabajo. Gus lo sabía, pero no tenía los huevos para decírmelo. Pero mi padre no podía seguir aguantando que su hija estuviera haciendo el ridículo y no podía seguir callado.

—Yo no te estoy diciendo qué hacer, mija —dijo—. Esto está en tus manos. Sabes que yo nunca me he metido en tus relaciones, pero no estoy de acuerdo con lo que está pasando. Y más teniendo en cuenta lo que has pasado, especialmente en este último año, y todo lo que hiciste por él cuando estaba encerrado. Todo el mundo está hablando de él en su trabajo. Tienes que tomar una decisión y ponerle un alto a esta chingadera.

Podía sentir que el corazón se me rompía una vez más, pero yo no quería que mi padre lo supiera. Le dije:

—Voy a arreglar esto, apá. No se preocupe. Me haré cargo de ese hijo de la chingada —En cuanto dije esas palabras, pasé de estar triste a encabronada. Me largué de la tienda de discos. ¿Cómo pudo Juan hacerme esto? ¡Yo lo amaba! Le dí todo mi apoyo cuando estuvo en la cárcel. Hasta pagué los gastos de sus otros hijos durante ese tiempo. Me casé con él para salvarlo de la pinche deportación. ¿Cómo podía hacerme esto después de haber pasado por tanto dolor?

Por mucho que quisiera, decidí no matarlo. Siempre había pensado que mataría a un hombre si me engañaba. Sabía que si enfrentaba a Juan con gritos, golpes o lágrimas no serviría de nada. Tenía que encontrar una manera de realmente hacerlo pagar. Mientras manejaba a la casa, pensé y pensé cómo me iba a vengar. Estaba escuchando el disco de Marisela en el carro mientras pensaba en todas las posibilidades.

Decidí no decirle nada. En vez de eso, se me ocurrió un plan: en primer lugar, iba a hacer que el hijo de su puta madre se enamorara otra vez de mí, para lo que necesitaba sólo dos meses.

Contraté a un detective privado. Por varios días grabó las aventuras de Juan con las putas viejas de su trabajo. Me enteré a qué moteles iba, me enteré de que el cabrón tiraba la comida que yo de mensa le preparaba a las 4:00 de la mañana, para irse a comer a restaurantes con esas viejas piojas.

«Qué pendeja estoy», pensé.

Ese verano fue muy triste y emocionalmente agotador para mí. Todo el tiempo que mi marido me estuvo engañando, Gus, mi querido hermano, el que me había enseñado a defenderme, el que siempre me llamó hermosa, ¡Sabía lo que estaba pasando y nunca me lo dijo! Me habían estado poniendo los cuernos durante meses y Gus dijo que no había podido encontrar la manera de decírmelo. En el barrio él había aprendido que los hombres no se echan de cabeza. Dijo que él no era —y nunca sería— un puto maricón chismoso. Él amaba y adoraba a su hermana y no quería hacerle daño contándole sobre la infidelidad de Juan, así que mejor no dijo nada. Yo no entendía su forma de pensar. Estaba herida. Gus y yo nos dejamos de hablar por ocho meses y diez días. Fue doloroso y por dentro me dolía ir a las reuniones familiares y no dirigirle la palabra. Ni siquiera nos mirábamos. Fue una experiencia horrible. Estaba viviendo un pinche infierno: en menos de un año me habían violado, me había enterado de que mi hermana y mis hijas habían sido abusadas sexualmente, mi esposo me estaba engañando y ahora mi hermano y yo nos habíamos dejado de hablar. Mis padres siempre nos enseñaron que la familia es lo primero. Pensando en eso, y porque extrañaba tanto los abrazos y besos de mi hermano, di el primer paso para reparar nuestra relación. Dios trabaja de maneras misteriosas y esa experiencia nos enseñó mucho. Desde entonces nunca más hemos peleado, discutido o estado en desacuerdo con nada.

A pesar de lo mucho que sufrí en ese tiempo, me gustó saber que le llevaba ventaja a mi marido y que pronto él se toparía con una gran sorpresa. Durante esos dos meses, me vestí con la ropa sexy que le gustaba, me maquillé y me peiné bonito todos los días. Le daba masajes en los pies cuando llegaba a casa y tenía sexo con él todas las noches. Para septiembre yo había registrado su carro y el mío solo a mi nombre y había pagado todas nuestras deudas de tarjetas de crédito. Ya estaba lista para dejarle caer la pinche bomba. Esto se iba a acabar como yo quería, sólo yo iba a decidir cómo ponerle el punto final.

Después de que empezamos a tener sexo, me sentí enojada y triste cuando estábamos en la cama. Pero esta fue la primera señal de que él se estaba enamorando de mí otra vez. Los cambios que me hice y la atención especial que le daba a él estaban dando resultados. Hicimos un viaje, sólo nosotros dos, a Laughlin, Nevada y nos la pasamos muy bien. El pendejo no tenía ni idea de la cantidad de mierda que estaba a punto de explotar y salpicarle toda la cara.

A las cinco y media de la mañana del 1 de agosto de 1998, le di a Juan el almuerzo que le preparaba todas las mañanas.

—*Babe*, te quiero mucho —me dijo—. Siento haberme portado bien gacho y no haber sido afectuoso contigo antes. No sé lo que me pasaba. Te quiero mucho y no quiero perderte. Cuando regrese del trabajo hoy, quiero que estés lista para salir. Nos vamos a cenar y luego a bailar. Nos la vamos a pasar a toda madre, ya verás.

Eso era exactamente lo que estaba esperando oír.

—Suena muy bien, *babe*. Te quiero con todo mi corazón también. Voy a estar lista.

Con ternura, le di un beso de despedida sabiendo que era la última vez que lo haría. Mientras se metía en mi Lexus ES300 (oh, sí, él siempre tenía que manejar el Lexus que yo me había comprado con mis ganancias de bienes raíces y me dejaba con la Ford Explorer), decidí que sería la última vez que él presumiría mi carro con sus putas en el trabajo. Mi corazón estaba destrozado, pero mi mente estaba fuerte y firme. Me puse el traje de deporte Nike que a él le gustaba que me pusiera y caminé hacia la puerta sin mi anillo de bodas. El anillo que supuestamente simbolizaba nuestro amor, nuestra unidad, nuestra fidelidad mutua. ¡Cuántas pendejadas!

Mi amiga Cynthia me estaba esperando afuera en la camioneta. Juan se iba a encabronar al saber que ella era una de mis cómplices porque la odiaba a morir. Ella manejaba, yo iba en el asiento del pasajero y nuestro amigo Nacho iba en el asiento de atrás. El camino a Torrance fue horrible. No me aguantaba las ganas de verle la expresión en la pinche cara, pero tenía miedo de cómo me sentiría cuando él ya no estuviera en casa conmigo. Aún así, el miedo no me detuvo.

Cuando llegamos a la entrada del estacionamiento, les dije a los guardias de seguridad que yo estaba allí para ver a mi hermano y que no me tardaría. Le pedí a Cynthia que se quedara lo más cerca posible de la puerta del edificio. Ya que Fairchild Fasteners estaba en propiedad federal, yo no tenía derecho de estar ahí, tenía que entrar y salir de volada.

Abrí la puerta con fuerza, haciendo un ruido muy fuerte, y eso llamó la atención de sus compañeros de trabajo, tal como yo quería. Mientras atravesaba la bodega podía sentir las miradas de todos. Se quedaron con la boca abierta y muchos parecían muertos de la curiosidad. Obviamente, todo el mundo sabía que me estaban poniendo los cuernos y sabían exactamente por qué estaba yo allí. Le pregunté a uno de los empleados dónde estaba Juan, y señaló una oficina. Alguien me gritó:

—¡No deberías estar aquí!

—¡Cómo eres de pendejo! Ni que no lo supiera yo —le grité mientras caminaba hacia la oficina y abría la puerta. Juan estaba sentado allí con otro empleado. Cuando me vio, se puso como si le hubieran dado un garrotazo en la cabeza con un tubo de hierro.

—¿Dónde está el esposo de María? —le pregunté.

Su cara se puso de diferentes colores: primero pálida, luego roja, luego azul, luego pálida otra vez. Pensé que se iba a desmayar. Los ojos se le pusieron anchos y comenzó a lagrimear. Pude ver cómo su manzanota subía y bajaba mientras tragaba saliva.

—¿Cúal María?

—La vieja pioja que te estás cogiendo, la que no tiene nalgas. La vi en el video que el investigador privado tomó de ustedes hace unos meses —Juan permaneció en silencio—. Si no es María, la otra puta será. Ya sabes, Lilly, la que está casada —dije.

—No sé de qué me estás hablando.

—No te hagas pendejo. Tú, este idiota que está aquí sentado y toda esta gente sabe lo que ha estado pasando. Nada más que no sabían que yo estaba en el juego. Todos ustedes pensaron que era chistoso y lindo, ¿no? Déjame decirte lo que es chistoso y lindo. Lo que es chistoso es que no hay razón para que vuelvas a la casa. Lo que es chistoso es que todas tus chingaderas se van a quemar en el patio. Puras cenizas vas a recoger. Ah, y por cierto, vas a necesitar que alguien te de un aventón después del trabajo.

Me di la vuelta y caminé hacia la puerta. Sólo Cynthia me estaba esperando en su carro porque Nacho ya se había ido en el Lexus (yo había hecho una copia adicional de la llave del carro durante los dos meses de «espera»). El viaje de regreso a casa fue tranquilo. No podía creer que lo había logrado. Quería mucho a Juan, pero no podía bajar la guardia. El dolor de saber que se había acostado con otra persona era demasiado para mí.

Pero el trabajo aún no había terminado. Acababa de ver la película *Waiting to Exhale* y me encantó la escena en la que Angela Bassett quema toda la ropa de su hombre mientras ella se fuma un cigarro y observa cómo se quema todo. ¿Te imaginas lo que pasó después?

Llamé a mi familia y les dije que vinieran a ver el clóset de Juan y se llevaran lo que quisieran. Chiquis y yo juntamos el resto de la ropa y la tiramos en dos basureros. Echamos su ropa interior y camisetas, sus trajes deportivos preferidos, sus zapatos Jordan y sus trajes para la iglesia. Juan sabía cómo vestirse y tenía un montón de ropa bonita y cara. No me importó, con mucha emoción rocié sus pertenencias con gasolina y disfruté del sentimiento de venganza y triunfo cuando le eché un cerillo a los dos botes de basura en los que metí sus cosas. Entonces encendí un cigarrillo (aunque no fumo) y observé las llamas mientras imitaba a Angela Bassett.

A Juan le dieron un aventón del trabajo y llegó justo a tiempo para salvar unos pocos cientos de dólares del bolsillo de una de las chamarras que se estaban quemando en los botes de basura. Admito que fue algo muy feo lo que hice y me arrepiento de haberlo hecho frente a mis hijos. No me puedo imaginar lo que deben haber sentido al ver a su madre sufriendo al mismo tiempo en que se daban cuenta de que ya no tendrían a su padrastro menos de un año después de que su padre biológico se había convertido en un fugitivo de la ley.

Los días después de la separación fueron los más difíciles. Juan regresó a la casa de su madre en Huntington Park y yo me quedé en la casa de Compton antes de irme a la de mis padres en North Long Beach por un tiempo. No andaba bien de dinero ya que no me podía concentrar en el trabajo. En todo lo que podía pensar era en Juan, que me llamaba casi a diario para tratar de convencerme de darle otra oportunidad. Como todos los hombres sorprendidos con las manos en la masa, al principio se puso a la defensiva. Me dijo que yo era una malvada y que no podía creer que hubiera llegado al extremo de contratar a un investigador privado para seguirle los pasos. Tampoco podía creer que hubiera guardado silencio durante meses ni que, a pesar de que yo sabía que él me había engañado, me hubiera aferrado a hacerlo enamorarse de mí otra vez.

Después de que lo eché de la casa y quemé su ropa en agosto, no lo volví a ver de nuevo hasta noviembre. Apenas hablamos. Insistía en regresar y me dijo que yo era la única persona con la que quería estar. Estaba arrepentido de lo que había hecho, pero aún así yo no lo quería en mi vida otra vez.

Poco después de eso Juan se deprimió y siguió diciendo que iba a hacer todo lo posible para demostrarme lo mucho que sentía haberme decepcionado. A veces me llamaba o me iba a buscar y exigía saber cuándo finalmente podríamos dejar esa pesadilla atrás. Me rogaba que lo perdonara por el bien de nuestra hija y mis otros tres hijos. Aunque sinceramente quería que mis hijos tuvieran un hogar estable y un padre, no sabía si podría tolerar estar con él sabiendo que me había sido infiel. Fue muy doloroso pensar en eso, y sabía que iba a ser difícil para mí confiar en él de nuevo.

Cada vez que hablaba con Juan él me preguntaba:

—¿Cuándo vamos a volver? ¿Cuándo vamos a llegar a un acuerdo?

Mi respuesta siempre fue «nunca». Las vacaciones llegaron y era difícil estar a solas con mis hijos y sin pareja. Mi niña, Jenicka, era muy chiquita y empecé a sentirme culpable. ¿Acaso debería darle otra oportunidad? Siempre quise que mis relaciones funcionaran y si la gente en verdad era sincera al pedirme disculpas por sus errores, yo era buena para perdonar. Mis amigos y familiares seguido me dicen que ésta no sólo es mi mayor fortaleza, sino también mi mayor debilidad.

En febrero de 1999 Juan y yo volvimos: regresó a vivir a casa el día de San Valentín de ese año. Me dije que si podíamos salir de esta, podíamos superar cualquier cosa.

10

¿Dónde están mis malandrinas?

Nos dicen las malandrinas
porque hacemos mucho ruido
porque tomamos cerveza
y nos gusta el mejor vino.

—De «Las malandrinas»

En 1998 grabé mi álbum de corridos *Reina de Reinas* al mismo tiempo que el otro álbum, *Si Quieres Verme Llorar*. Los terminé durante el caos y la angustia de haber descubierto que Juan me estaba poniendo los cuernos. En este período tan terrible y doloroso, grabar estos álbumes me dio valor y fuerza. Admito que mi voz en estas dos producciones no fue la mejor porque todavía no se había desarrollado a su máximo potencial. Sin embargo, el hecho de que pudiera grabar durante esos tiempos difíciles fue como un entrenamiento para mí. Siempre termino lo que empiezo y estos proyectos no iban a ser la excepción. Aquí fue donde aprendí a seguir adelante con mi carrera a pesar de lo que pudiera estar pasando en mi vida personal. No sabía que iba a necesitar de esta experiencia y la misma fuerza en muchas otras circunstancias en los próximos años.

En 1999, mi padre vendió los derechos de estos álbumes a Sony Discos, la división regional mexicana de Sony Records. Salieron a la venta ese mismo año. Yo estaba contenta de que mi música se vendiera a través de una disquera tan grande. Sobre todo después de que Balboa Records no invirtió en la promoción de mi álbum *La Maestra* cuando lo grabé para ellos. Era un nuevo comienzo, pensé. Me sentí bien al saber que Rubén Espinoza, José Rosario y otros ejecutivos de la disquera creían en mí, por lo menos un poco. Rubén quería que nos concentráramos en el álbum de corridos porque ninguna otra mujer estaba grabando corridos en ese tiempo. Según él y mi padre, esa era la mejor manera de lanzarme. José Rosario, sin embargo, pensaba de otra manera. Decía que podía llegar a ser una gran artista de baladas y boleros. Cualquiera que fuera el resultado, no me importaba mucho. Lo que me importaba era que alguien finalmente estuviera dispuesto a escuchar y promover mi música.

Por desgracia, no duró mucho. El sello estaba saturado de muchos nuevos artistas, entre ellos varios de mis hermanos, Las Voces del Rancho, y muchos de los cantantes que mi padre estaba produciendo. Empecé a darme cuenta de que no iba a ser beneficioso para mí quedarme con Sony. Tenían muchas prioridades y por desgracia, yo no era una de ellas. Simplemente no tenían tiempo para mí. Me sirvió de alivio saber que por lo menos eran mis hermanos y los artistas de mi padre los que tenían prioridad sobre mí. Prefería que fueran ellos los que recibieran la atención y el presupuesto de promoción en vez de otros artistas que no tenían nada que ver con nuestra familia y nuestro sello discográfico.

En ese momento grabé el CD titulado «Que me entierren con la banda», mi primer álbum completo de música banda. En este disco incluí un corrido que había escrito, titulado «Las malandrinas». Yo le tenía fe a mi álbum y en especial a esa canción, pero me preocupaba no obtener el apoyo que merecía de parte de Sony.

En esa época conocí a una muchacha que trabajaba en Fonovisa Records. Para mi buena suerte ella se tomó el tiempo de venir al estudio cuando estaba grabando el álbum en Pacific Coast Recording en Long Beach. Nos hicimos amigas y después de que ella escuchó algunas de las canciones que había incluido en el álbum, me dijo que debía ir a Fonovisa con mi disco. Hablé con mi padre sobre esto, pero él estaba convencido de que era mejor que me quedara con Sony. Dijo que Sony podía hacer un mejor trabajo y que me apoyarían. No estuve de acuerdo.

—Apá, por favor llévelo mejor a Fonovisa —le supliqué—. Le tengo fe a este álbum. Hay un montón de buena música. Me pondría muy triste si para Sony quedara en el olvido por falta de interés. Por favor, apá. Si no ocurre nada en Fonovisa, la culpa será mía, no suya.

Mi decisión estaba tomada. Mi padre sabía que era terca y que no iba a cambiar de opinión, por lo que llamó a Fonovisa y trató de conseguir una cita con Gilberto Moreno, presidente de la disquera en ese momento. Cuando por fin pudo vernos, yo misma había repartido ejemplares de «Las malandrinas» entre varias estaciones de radio en el sur y el centro de California. No tenía un promotor o un sello discográfico que se hiciera cargo de los gastos y tocara puertas por mí, así que mi marido conducía mientras nos dirigíamos a las mismas estaciones que visité en mi primer *tour* promocional en 1996, cuando quería dar a conocer «La chacalosa», que las estaciones no tocaron.

Antes de salir de la autopista 5 hacia la 99 de California Central, hicimos una parada en la estación de radio La Ley 97.9 FM. Guillermo Prince, su programador, dijo que le gustaba el corrido y prometió que yo lo iba a escuchar en el aire antes de llegar al Grapevine, una zona donde el viento sopla mucho en la autopista 5. Hasta hoy en día, sus palabras y su bondad se han quedado en mi corazón. Aunque gran parte de la industria de la música puede ser sucia y fea, siempre hubo gente de buen corazón como Guillermo Prince, Pepe Garza y otros que me dieron la oportunidad y ofrecieron su apoyo.

Juan y yo continuamos en mi tour promocional por unos días. Cuando regresé a Los Ángeles, mi padre y yo visitamos al señor Moreno en Fonovisa. Estaba emocionada. Esta era la disquera que había lanzado en grande a Carmen Jara durante la década de los noventa. Todos los meros meros estaban en esta disquera, incluyendo a Los Tigres del Norte, la Banda el Recodo, el Conjunto Primavera y Los Temerarios, entre otros. Tal vez esta será mi gran oportunidad, pensé. Pero sin que el señor Moreno se tomara la molestia de escuchar mi música, nos dijeron que mi padre no recibiría nada de dinero por esta producción. Tampoco le iban a devolver los costos de la misma. Nos dijeron que podíamos dejar el disco si así lo queríamos. Pero sin compromisos. No había promesas de dinero, de promoción. Nada.

¡Chingado! Me sentí tan decepcionada. Básicamente, nos decían que el esfuerzo de producción de mi padre no valía ni un centavo. Estaba más devastada por mi padre que por mí porque no era sólo otra de sus artistas. Yo era su reina, la artista en la que él había creído desde que era niña. Sólo puedo imaginar lo que él sintió al oír, en presencia de su hija, que lo que para él era una producción de obra maestra, para alguien más no era nada.

Después de discutirlo por un largo tiempo, mi padre y yo decidimos continuar con Fonovisa. Firmamos un contrato con la disquera comprometiéndonos a cederle los derechos de las tres producciones, incluyendo el de «Las malandrinas». Nos recordaron que a mi padre no le devolverían los costos de la producción y que no había planes de promoción para ninguno de mis CDs. Básicamente todo lo que iban a hacer era distribuirla. Si tenía suerte, pensé, por lo menos venderían unos CDs gracias a las emisiones de radio que yo había conseguido por mi propia cuenta. Donde quiera que «Las malandrinas» se tocara, era bien recibida, lo que me dio un poco de satisfacción ya que era el resultado de mi trabajo, mis letras, mis ideas y mi propia promoción. Se convirtió en un éxito *underground* en el sur de California y otras áreas.

Ya me había hecho a la idea de que no se me iba a tomar en serio. Y me gustaba comprobarle a los que no creían en mí que estaban equivocados. Me preguntaba si lo que me estaba pasando era normal. Cada vez que daba un paso para adelante, sentía que la vida me daba un empujón hacía atrás. ¿Acaso era así de difícil para todos? ¿Les iba igual a los artistas hombres que a las mujeres? No sé. Sólo sabía que nada era fácil para mí.

En 2001, Lupillo tuvo su primer gran hit, «Dedicatoria», que llegó al número uno en las listas de *Billboard*, tanto como en Top Latin Albums y en Álbumes Regionales/Mexicanos. En ese momento yo estaba empezando a darme a conocer a nivel nacional, pero no estaba llenando los lugares donde me presentaba y al poco tiempo ya no tocaban mi música en la radio. Mucha gente pensó que me iba a beneficiar de que mi hermano estuviera teniendo éxito y fuera el número uno en la radio, pero fue todo lo contrario. Tan pronto como Lupillo se hizo más popular, se hizo aún más difícil para mí. Dejaron de transmitir «Las malandrinas» porque no querían tocar mi canción y también la de mi hermano. Cuando iba a visitar o llamaba a las estaciones de radio, me decían:

—Esta no es la estación privada de los Rivera.

Mucha gente juraba que era culpa de Lupe, pero yo sabía que no lo era. Él no tenía ningún control. Los locutores tenían razón. Uno no va a querer tocar en una estación de radio sólo a los Jackson Five.

Me acordé entonces de que a uno de mis ídolos, Chalino Sánchez, nunca lo tocaron en la radio antes de morir, pero cuando vivía, todo el mundo sabía que él era lo mejor que había. Me consoló saber que mis canciones se habían convertido en éxitos en ciertos círculos, pero me frustraba que ninguna de las estaciones de radio tocara mi música. Estaba encabronada con toda la industria musical. Decía:

—¡Que se chinguen entonces!, yo puedo hacerlo por mi propia cuenta. Un día ellos mismos me van a venir a buscar —Sin embargo, no podía negar que el que me tocaran en la radio era algo muy importante, sobre todo en Los Ángeles.

En estos tiempos el locutor Pepe Garza, uno de los más populares de la ciudad, decidió que, como ya no le daban a la música regional mexicana una categoría específica en las grandes entregas de premios, él crearía unos propios. En 2001 lanzó los Premios Que Buena (que más tarde serían conocidos como Premios de la Radio). Fue la primera entrega de premios creada por una estación de radio regional mexicana. Lupillo fue invitado para cantar esa noche en la entrega de premios, así que le dije a Pepe Garza:

—Déjame cantar mi canción también. Dame una oportunidad.

Pepe escuchó «Las malandrinas» y dijo:

—Mira, sin duda tienes talento, pero no puedo dejar que cantes la canción porque no te conocen todavía. ¿Qué tal si te dejo presentar un premio? Estuve de acuerdo en ser presentadora y utilicé ese momento para mi provecho.

Cuando subí al escenario, grité:

—¿Dónde están mis malandrinas?

Las mujeres se volvieron locas y empezaron a cantar mi canción. Obviamente, yo sabía lo que estaba haciendo, le estaba mostrando a Pepe que sólo porque yo no era un éxito en la radio, no significaba que no fuera conocida. Tenía que demostrárselo, no sólo decírselo. Después de eso comenzó a tocar «Las malandrinas» en la Que Buena 105.5, una de las más grandes estaciones en español en Los Ángeles.

La primera vez que escuché mi canción en la radio iba manejando con unos clientes para ver una casa en Compton. Estábamos escuchando la Que Buena y cuando mi voz se oyó por las bocinas, me volví loca.

—¡Esa soy yo! —les dije—. ¡Estoy en la radio!

De seguro que pensaron que estaba loca, pero no me importó. Igual seguí gritando feliz. Fue entonces cuando mi música empezó a salir en la radio fuera de Los Ángeles también, y eso era muy importante para mí. Dicho esto, no pienses que era como si yo me hubiera convertido en una sensación de un día para otro después de eso. A machetazo limpio seguí abriéndome camino.

Debido a que mi popularidad comenzó a crecer, poco a poco pude dedicarme a mi carrera como cantante de tiempo completo y dejar mis trabajos como agente de bienes raíces y en Cintas Acuario. Cuando comencé a conseguir más conciertos para los fines de semana, decidimos que mi esposo Juan dejara su trabajo en Fairchild Fasteners para acompañarme en el camino. Finalmente me sentí mejor al saber que él ya no estaría cerca de las viejas putas del trabajo. No estaba orgullosa de que ellas supieran que yo le había dado otra oportunidad. Además, como no confiaba en él, siempre lo estaba chingando y eso causaba problemas entre nosotros.

A pesar de la infidelidad de Juan, hay que reconocer que él siempre creyó en mi talento. Sabía que algún día yo sería alguien importante en mi género musical y en la comunidad latina. Porque lo amaba y porque era un gran apoyo, dejé sus pendejadas en el pasado y seguí mi camino con él a mi lado. Quería que las personas en la industria supieran que él era mi marido. Se hizo mi gerente de negocios, se encargó de mis conciertos y también me protegió de algunos de los aspectos sucios de la industria. Yo había aprendido muchas lecciones valiosas cuando trabajaba en el sello discográfico con mi padre y una de ellas era que cogerse a medio mundo para lograr éxito en tu carrera no era un mito. Sucede. ¡Pero eso no me iba a pasar a mí!, porque quería que se supiera que yo era una mujer casada que tuvo éxito a base de su talento. Nunca oculté que estaba casada, y respetaba a mi esposo por completo entre las personas y los artistas en la industria.

Justo cuando estaban empezando a tocar «Las malandrinas» con frecuencia en La Ley 97.9 y la Que Buena 105.5, quedé embarazada de mi quinto hijo, el segundo con Juan. Fui muy egoísta en ese momento y estaba devastada. Mi música finalmente se escuchaba a través de California, Arizona, Washington, Oregón, Colorado, Illinois y en otros estados de los Estados Unidos. Todo el mundo me dijo que tener un hijo podría acabar con mi carrera y con todo aquello por lo que había luchado en los últimos cinco años.

—No estoy lista para tener a este niño ahora —le dije a Juan.

—Estoy de acuerdo.

—Quiero tener un aborto.

—Está bien.

Ese fue el final de nuestra conversación y luego hice una cita con el doctor. Pero entonces sucedió lo más extraño: cuando fui a la clínica para tener el aborto, me practiqué el examen de orina que confirmó que sí estaba embarazada y, luego, cuando la enfermera trató de sacar a la criatura, el feto no estaba por ninguna parte. La enfermera dijo que si el niño no estaba en mi útero, estaba en mis trompas, lo que es peligroso y potencialmente mortal. Me llevaron al hospital para vigilarme. Tenía que estar en cama y esperar a que el feto volviera al útero para que pudieran continuar con el aborto. Tenía que quedarme en cama porque si algo estallaba dentro de mí, podría matarme. Estuve allí por unos días y la criatura no estaba por ningún lado. Le dije al doctor y a las enfermeras que tenía que salir de allí porque tenía presentaciones en Indio ese fin de semana. Trataron de convencerme de que no fuera, pero yo no escuché ni una palabra. Me dijeron que me iba bajo mi propio riesgo y que tendría que firmar unos papeles para que me dieran de alta bajo mi propia responsabilidad. Me dijeron que fuera a la sala de emergencias más cercana si me pasaba algo.

Hice mis conciertos el viernes, sábado y domingo. El lunes volví a Los Ángeles y fui al hospital para que me revisaran otra vez. Y allí estaba la criatura, justo donde se suponía que debía estar. Era el fenómeno más extraño. Yo era una mujer que jamás habría pensado en tener un aborto, pero cuando lo hice, ¡mira lo que sucedió! Empecé a sentirme culpable por mi decisión de abortar. Mi hijo quería vivir. Cambié de parecer en ese mismo momento: mi pequeño luchador nacería después de todo.

Seguí presentándome durante todo el embarazo y mi público se entusiasmó mucho por mí. El niño traía su torta bajo el brazo. El embarazo fue lo mejor que me pudo haber pasado. Amo a todos mis hijos, pero este niño tan especial trajo mucha felicidad a mi vida.

Johnny Angel López nació el 11 de febrero de 2001. Al día siguiente, el 12 de febrero, la Que Buena comenzó a tocar «Querida socia». Muchas otras estaciones siguieron su ejemplo y en pocas semanas tuve mi segundo hit en la radio. La cantante original de la canción, Diana Reyes, estaba recibiendo tiempo al aire en las principales estaciones en México. Había rumores de que su disquera la iba a mandar de gira para promover su versión de «Querida socia». Su plan era tomar el territorio que yo había conquistado con mi versión.

Por esa razón, Fonovisa me contactó y me dijo que me preparara para mi primera gira de promoción. No creí que les importara mucho el éxito de la canción, sino que era más importante para ellos que un sello discográfico no se atreviera a tratar de conquistar su territorio. De todos modos, fue así como la disquera comenzó a promoverme, y esta fue la canción que me llevó a la fama nacional así como internacional.

11

La hermana de Lupillo Rivera

Pienso que es preferible sufrir a solas.

mi cruel tormento...

—De «Sufriendo a solas»

En 2001 fui a Miami para promover mi nuevo álbum. No era conocida en ese mercado, por lo que todos los locutores insistieron en presentarme como «Jenni Rivera, la hermana de Lupillo Rivera». Me empecé a enojar. No me lo tomes a mal. Yo estaba orgullosa de mi hermano, por supuesto, pero también trataba de que algún día me presentaran sólo como «Jenni Rivera».

Estaba tan emocionada de salir en *Sábado Gigante* con Don Francisco, uno de mis programas favoritos en Univision. En junio de 2001, cuando por primera vez me senté junto a él, Don Francisco me puso un video de bienvenida de parte de mis padres, mis hermanos y mis niños. Cuando mis hijos aparecieron en la pantalla, empecé a llorar. Sabía que todo el mundo me estaba viendo y que mi rímel me iba a manchar la cara, así que traté de contener las lágrimas. Pero no pude ocultar mis emociones. Toda mi vida me había partido el lomo para darles a mis hijos todo lo que nunca tuve y en ese momento me sentí realizada. Estaba cumpliendo mi promesa. Estaba haciendo que mis hijos se sintieran orgullosos de mí. Un día, ellos mirarían hacia atrás y dirían: «Mi madre hizo todo lo que pudo para darnos una vida mejor».

Nunca hubo nada más importante para mí que eso.

Me sequé las lágrimas cuando Don Francisco y yo comenzamos la entrevista. Una de las primeras preguntas que hizo fue:

—¿Quién es mayor, tú o Lupillo?

Yo ya quería mucho a Don Francisco, pero ahora lo quería aún más.

—Soy dos años mayor que Lupillo —le dije—. Tengo treinta y dos años, pero me veo de veintidós.

Se echó a reír y el público se rió con él. Desde el primer momento hasta hoy nos llevamos muy bien. Como entrevistador él sabe hacer que uno se sienta cómodo, hablé con él sobre cosas de mi vida que nunca le había revelado a nadie más. Le conté sobre aquella noche en 1997 cuando me violaron (fue la única vez que hablé públicamente de eso). Le conté acerca de mi trabajo en el swap meet y las veces que junté botes para vender, y de mi trabajo como secretaria en la compañía disquera de mis padres.

Antes de que la entrevista terminara, me pidió que me quedara y presentara el show con él durante las siguientes tres horas. ¡Estaba muy honrada y agradecida! Por años, *Sábado Gigante* ha sido uno de los programas más divertidos en el mercado latino en los Estados Unidos. La oportunidad de presentarme con Don Francisco me ayudó a darme a conocer con latinos de diferentes culturas, no sólo con mi público mexicano. Fuera del sur de California nadie me conocía. Don Francisco cambió eso. Después de que esa entrevista salió al aire me llegaron cartas de guatemaltecos, salvadoreños, cubanos, nicaragüenses, dominicanos y puertorriqueños. En los años siguientes, me convertí en una de las invitadas que más aparecía en *Don*

Francisco Presenta, donde se me dio la oportunidad de cantar, y eso siempre ha significado mucho para mí. Don Francisco es un hombre maravilloso y cada vez que me presento con él me la paso a todo dar. Cuando hablaba conmigo fuera del aire, él me decía lo mucho que me respetaba por mi trabajo y determinación. También me dijo que yo era la mujer de las dos *R*: Real y Ratings.

A pesar de que tenía mucho camino por recorrer en otros escenarios dentro y fuera del país, me convertí en una estrella local en y alrededor de de Los Ángeles como Long Beach, Huntington Park y South Gate. Mis fans comenzaron a llegar a mi casa en Keene Avenue en Compton. Llegaban a media noche pidiendo fotos y autógrafos, casi siempre borrachos, gritando mi nombre o hasta tocando la puerta. No me malinterpretes, me sentía halagada, y por una parte no podía creer que la gente estuviera realmente interesada en mí. Pero por otra parte quería paz y tranquilidad, y me preocupaba que tal vez no fuera una situación segura para mis hijos.

A pesar de que había dejado mi trabajo en la oficina de bienes raíces a principios del año, aún me gustaba andar viendo casas en todo el sur de California. Vi un anuncio para una casa hermosa en Corona, una ciudad a cuarenta millas al este de Los Ángeles. Me subí al carro y me fui a verla. Cuando salí de la autopista 91 y manejé las cuatro millas hasta la entrada de esa casa, en el camino había ranchos, establos y lecherías. ¡Ya no estábamos en Compton! Tan pronto como llegué a la casa, me enamoré de ella. Era de siete recámaras, seis baños y siete mil pies cuadrados. El lote era de un acre y el precio era demasiado bueno para no aprovecharlo.

Me cambié a esa casa en julio de 2001 con Juan y mis cinco hijos. Mientras desempacaba le dije a Chiquis:

—¿Recuerdas cuando vivíamos en un garaje frío en Long Beach y te llevaba en bicicleta a la guardería a las seis de la mañana? Te prometí que un día iba a comprarnos una casa grande como esta.

—Recuerdo —dijo—, y sabía que lo harías.

Fue un momento increíble para mí. Sin embargo, seguido me preguntaba qué estaba haciendo con mi marido, que no hacía nada para que saliéramos adelante. Sabía que Juan me amaba y sabía que yo lo amaba también, pero yo también sabía que el amor no era suficiente, no garantiza la felicidad. Habíamos estado juntos por seis años y yo no entendía por qué no nos llevábamos bien. ¿Acaso era porque yo me había dejado dominar por el deseo de triunfar como artista? ¿Me había entregado demasiado a la lucha para alcanzar mi meta? ¿Acaso él resentía que me estuviera haciendo más popular? ¿O acaso era que yo nunca pude superar el hecho de que me engañó durante el momento más difícil de mi vida?

En el fondo, por más que lo amara, tuve que admitir que aún estaba resentida con él por haberme engañado a pesar de que yo hubiera hecho tanto por él. Ya no podía confiar en él por completo, y eso causó graves problemas entre nosotros. Y aunque yo actuara como si todo estuviera bien, eso también causaba problemas. Él me decía que ahora que era JENNI RIVERA, yo me consideraba mejor que él. Ese comentario se me hizo algo irónico, ya que en ese entonces yo aún estaba luchando para que el resto del mundo me llamara sólo JENNI RIVERA.

Una noche en que Juan y yo tuvimos una pelea seria, llamé a Rosie, Gladyz y otras dos amigas que también tenían pleitos amorosos. Fuimos a un pequeño bar donde sabía que una buena banda mexicana iba a tocar esa noche. Tan pronto como nos sentamos, Rosie nos dijo:

—Esta no es una noche para estar chillando. La primera que llore tiene que poner sus calzones en la mesa.

Al final de la noche había cinco tangas en la mesa y todas estábamos demasiado borrachas para manejar a casa, así que llamamos a Lupillo para que viniera por nosotras.

—¿Qué chingados hacen esas tangas en la mesa? —dijo al llegar.

—Lupe —le contesté—, ¿nos cantas una canción?

—No, Jenni. Vine por ustedes. Vamos.

—Por favor. Quiero escuchar «Sufriendo a solas».

Lupe no podía decirme que no. Sobre todo cuando estaba borracha y ahogándome en la tristeza.

Se puso de pie en el escenario y la gente no podía creer que fuera él. Tan pronto como terminó de cantar «Sufriendo a solas», las personas gritaron y pidieron más, dándole copitas de tequila. Al puro estilo Rivera se puso a complacer a sus fans. Y al puro estilo Rivera «accidentalmente» se puso pedo en el escenario. Me puse de pie junto a él y dimos todo un concierto gratis para los clientes del bar, mientras que mi tanga descansaba en una mesa en la parte de atrás.

En septiembre tuve una entrevista de radio en Nueva York. Yo andaba en una de mis dietas y me emborraché como estúpida con sólo tres martinis. Todavía estaba teniendo problemas con Juan y estaba enojada con todo el mundo. Íbamos en taxi atravesando la ciudad cuando bajé la ventana y grité maldiciones.

—¡Vete a la chingada, Juan! ¡Y vete a la chingada, Trino! ¡Váyanse a la chingada, farolas! ¡Vete a la chingada, Nueva York! ¡Y váyanse a la chingada, bolsas de basura en la banqueta! —Esto fue justo después del 9/11, y toda la ciudad estaba angustiada y todo estaba muy callado. Y ahí estaba yo, esta pinche vieja loca mexicana, gritando a todo el mundo—: ¡Vete a la chingada!

Al taxista ya le andaba por deshacerse de Rosie y de mí. Nos quedamos en un lugar enorme y elegante que la emisora pagó. El hotel era ridículamente caro, y yo nunca lo habría elegido. Si yo hubiera pagado, nos habríamos ido al Best Western o el hotel más barato que pudiera encontrar en Nueva York. En fin, entramos, dos mexicanas borrachas, a la lujosa recepción. Una señora asiática muy elegante caminaba por la escalera envuelta en un abrigo rojo que probablemente había costado una pequeña fortuna con la que se podría alimentar a un pequeño país.

—¡Vete a la chingada, señora del abrigo rojo! —le grité. Ella no sabía qué hacer y definitivamente no sabía quién era yo. Se detuvo un segundo, luego se volvió y se fue corriendo por las escaleras.

—¡Hermana! —Rosie me gritó—. ¿Qué te hizo?

—No me gustó su abrigo rojo. Era feo. ¿Y sabes qué? Chinga a tu madre.

—Bueno, pues tú chinga a tu padre.

—Chinga a tus hermanos.

Rosie tomó aire y dijo:

—Chinga a tus pinches fans —Ella sabía que se estaba pasando de la raya.

—¡Te estás pasando! —le grité—. ¡Deja a mis fans en paz! Yo ya no juego.

Mi familia y mis amigos sabían que podían echar relajo de mi amá, mi apá y mis hermanos. Yo podía aguantarlo. ¡Pero que nadie se meta con mis fans!

Cuando volví de viaje, entré en mi casa nueva y lo que me dio la bienvenida fue mi primer montón de cartas de mis admiradores. Era como si me hubieran oído defenderlos en la recepción de ese ridículo hotel de ricos. Esa noche abrí los sobres uno por uno. La gente me escribió bellas palabras de apoyo y de inspiración; hablaban de lo mucho que apreciaban mi música, de haberles dado a las mujeres una voz fuerte y de que mis canciones les ayudaron en momentos difíciles. Me dijeron que me habían visto con Don Francisco hablando de cosas personales y que les hizo sentir que ellos no estaban solos con sus problemas. Lo que estos fans no sabían es que sus palabras me hicieron sentir que yo tampoco estaba sola.

Ese año contraté a una persona para que me ayudara con el correo porque yo quería comunicarme directamente con todos los que se tomaban el tiempo para escribirme. También contraté a alguien para que viajara conmigo y llevara una cámara Polaroid; así, cuando la gente se me acercaba podría tener una foto al momento. Yo ya tenía a estas personas como empleadas antes de que tuviera un representante.

Mis fans eran tan especiales para mí porque me querían a pesar de que ellos no tenían por qué quererme, y eso siempre me ha tocado muy profundamente. No eran mis parientes. Ellos no tenían que estar a mi lado cuando cometía errores o tomaba riesgos que todo el mundo pensaba que no debería tomar. No tenían que respaldarme cuando me metía en peleas públicas o si alguien hablaba mal de mí. No tenían que creer en mí ni apoyarme, yo aún no era nadie.

Sin embargo, desde el principio, así lo hicieron.

12

Desbordante

Se las voy a dar a otro,
Porque tú no las mereces.

—De «Se las voy a dar a otro»

La gente a menudo me pregunta sobre el momento en que supe que «la hice». Yo no sé de otros artistas, pero para mí nunca hubo un solo día o evento al que pudiera señalar y decir: «Ese fue». No fue la primera vez que me escuché en la radio, o el montón de cartas de mis admiradores, o la primera vez que me reconocieron en la calle. Fue una serie de eventos, una colección de momentos pequeños y grandes que se acumularon para hacerme creer que a lo mejor, a lo mejor, yo estaba aquí para quedarme.

En noviembre de 2001 fui al concierto de Vicente Fernández en el Universal Amphitheatre (al que luego le pusieron Gibson Amphitheatre). Toda mi familia admira a Vicente Fernández, todos los años íbamos por lo menos a uno de sus conciertos. La primera vez que lo vi cantar fue en el Teatro Million Dollar en el centro de Los Ángeles durante la década de 1970. Yo tenía unos cuatro o cinco años cuando mi padre y yo fuimos a tomar fotos con una cámara Polaroid para vender al público. En esta ocasión, durante el concierto, Vicente me invitó subir al escenario para tomarme una foto con él. Yo estaba muy orgullosa. Nadie es más grande en la música mexicana que Chente. Crecí escuchando su música y admirándolo. Era una artista enorme en los años setenta y ahora más de dos décadas después, todavía seguía fuerte; y cuando se presentó en el Universal Amphitheatre las entradas se agotaron las tres noches que estuvo ahí.

Esa noche en 2001, mientras caminábamos a nuestros, la gente empezó a aplaudir y se puso loca. Yo pensé que era por Vicente. Me tomó un momento darme cuenta de que me estaban mirando, llamándome por mi nombre y pidiéndome una foto o un autógrafo. Vicente vio el alboroto y una vez más me invitó a subir el escenario con él. Pero esta vez él quizo que yo cantara. Estaba muy nerviosa y me dije «¡cálmate!». Canté «Por un amor» mientras él observaba desde el escenario. Nunca olvidaré las palabras que le dijo a la gente cuando terminé la canción:

—Esta mujer no le pide nada a ningún artista de aquí ni de allá.

Estuve en las nubes esa y muchas noches más.

Menos de un año después, en 2002, fui nominada para un Grammy Latino al Mejor Álbum de Banda por «Se las voy a dar a otro». Cuando me dieron la noticia, recordé esa noche de 1998 en la casa de Compton. Me acordé de estar viendo los Premios Grammy con mis hijos y con mi bebé Jenicka en brazos, preguntándome si mi esposo me estaba engañando, y mi Chiquis y Jacqie me decían que un día podría ser nominada para un Grammy. ¡Cuatro años más tarde, las palabras de mis hijas se habían hecho realidad!

Los premios se presentaron el 18 de septiembre de 2002. Ese día tuve un pleito con Juan, como de costumbre, así que decidí que mis padres y mis hermanos me acompañaran. Nos reunimos en la casa de mis padres. A todos se nos hizo tarde, por supuesto. Este fue el primer evento grande de premios en nuestra familia, y lo único que yo sabía era que no quería pasar por un momento increíble solita, siempre quise tener cerca a mi familia y que vivieran esa experiencia conmigo. ¡Qué importaba si se tomaba una eternidad sacar a los ocho Rivera por la puerta!

Mis cuatro hermanos me llevaron al evento en un convertible y me senté arriba del carro, como si estuviera en el barrio y yo fuera la reina del desfile, así como lo hice en mi quinceañera. Caminamos por la alfombra juntos y así entramos al Teatro Kodak, fue todo como un sueño.

Mi madre, Rosie y mis hermanos se sentaron en el balcón, y mi padre se sentó a mi lado en la planta baja con el resto de los nominados. Cuando dijeron mi nombre, las porras y los aplausos no se detuvieron. ¡Se me puso la piel chinita! Mientras los aplausos continuaban, miré que mi padre tenía lágrimas en los ojos. Él también estaba llorando. Era como si toda la angustia, las dificultades, el trabajo duro nos hubieran llevado a ese momento, en el Teatro Kodak de Hollywood. No gané —la Banda Cuisillos se llevó el premio— pero para mí eso no importó. Yo estaba feliz de estar allí. Sé que todo el mundo dice eso y suena mamón, pero es la verdad. Me sentí la ganadora por ser la favorita del público. No aplaudieron tan fuerte por nadie más. Ese evento me dio mucha más confianza de que mi carrera iba por buen camino.

Claro que seguí cometiendo errores y tropiezos en el camino. Por ejemplo, ese año me hice amiga de una locutora llamada Rocío Sandoval, que tenía el apodo de «La Peligrosa». Nos la pasamos muy a gusto cuando me entrevistó, y sentí que podía confiar en ella. La dejé entrar en mi vida y le conté cosas muy privadas. Pensé que me respetaba, que respetaba nuestra amistad, pero por supuesto que ese no fue el caso. La siguiente vez que estuve en su programa de radio, ella me hizo una mala jugada: me preguntó sobre los secretos que yo estúpidamente había compartido con ella. ¡No podía creer lo que estaba pasando! Ella también se hizo la sorprendida de que yo tuviera cinco hijos, ¡como si no lo supiera!, y trató de hacer que yo me avergonzara de eso. Siempre me he sentido orgullosa de ser madre y ella lo sabía. También sabía que la mayoría de mis fans son madres solteras que se identifican conmigo, así que no estuve de acuerdo con que ella tocara el tema de esa manera tan negativa.

Aún así yo podía perdonar todo eso, pero al día siguiente de los Premios Que Buena, ella se pasó de la raya. Insultó a mi madre y a mi familia y eso hizo que me enchilara de verdad. Mi madre es una señora bondadosa y respetable, y La Peligrosa dijo que mi madre se estaba poniendo los moños y exigía alfombra roja en los eventos, simplemente porque era «la madre de los Rivera». Hasta el día de hoy no sé lo que la hizo decir eso; sólo sé que se pasó de la raya. Mi madre nunca ha exigido alfombra roja en su vida. Todos la que la conocen saben que no miento. Poco después, Isis Sauceda, una reportera del periódico *La Opinión*, publicó una entrevista donde La Peligrosa dijo: «Los Rivera son unos ingratos». No sé a quién se refería, pero no importa, me ofendí y oficialmente me encabroné.

Unas semanas más tarde esa misma periodista, Isis Sauceda, me entrevistó y me preguntó sobre los comentarios de La Peligrosa. Respondí que no tenía nada que decir y que no estaba enojada para nada, sino que simplemente me sentía mal por ella y esperaba que Dios la curara de esa terrible enfermedad llamada celos. Dije que esperaba que sus malos sentimientos hacia mí desaparecieran y que le sanara el corazón. La reacción a mi comentario fue intensa. Los medios querían saber más sobre quién dijo qué. Supongo que La Peligrosa pensó que la mensa de Jenni guardaría silencio sobre sus problemas ya que ella era una locutora destacada en la emisora de radio que me había abierto las puertas. Pero mi dignidad estaba de por medio y se habría desbaratado si no hubiera defendido a mi familia y a mí. El lío se hizo más grande y un día uno de los jefes de la

Que Buena me pidió que dejara de hacer más comentarios sobre la situación porque le estaba haciendo daño a la imagen de su estación de radio. Yo respeto mucho a este hombre, así que hice lo que me pidió. Me reuní con La Peligrosa y las dos estuvimos de acuerdo en no llevar el asunto más allá.

En mi carrera he aprendido a respetar a los medios, ya que pueden hacerte o destruirte como artista. Pero no los dejaría hacer de las suyas si mi orgullo o dignidad estuvieran en juego, cueste lo que cueste.

El drama de La Peligrosa también me ayudó a darme cuenta de que si iba a salir en defensa de mi dignidad en mi vida profesional, tenía que hacerlo en mi vida personal también. Así que decidí poner las cosas en claro con Juan de una vez por todas.

No importó lo mucho que traté de que Juan y yo estuviéramos bien, no lo pude lograr. Los problemas dominaban tanto mi vida que llegó el punto en que yo no podía hacer mis problemas emocionales a un lado cuando me subía al escenario o hacía entrevistas con los medios. Tampoco podía darles lo mejor de mí a mis fans.

Mi vida no se sentía completa. Aún no estaba donde quería estar en mi carrera musical, pero no podía concentrarme para llegar allí porque mi relación cada día se ponía peor. Me di cuenta de que si me quedaba con mi matrimonio nunca triunfaría como artista. Sabía que tenía que decidir entre una relación inestable que estaba poniendo mi carrera en juego y vivir con las consecuencias, o terminar la relación y concentrarme en mi carrera y salir adelante en la vida. Pero aún no estaba segura de qué hacer.

A finales de junio de 2002, Juan hizo otra tontería que me ayudó a tomar una difícil decisión. Una noche, después de uno de nuestros famosos pleitos, entré al cuarto cuando Juan se estaba bañando. Quería hablar con él y resolver nuestro pleito de esa tarde. Mientras caminaba hacia el baño para sorprenderlo, la sorprendida fui yo. Vi

su celular en la mesita de noche. Por alguna extraña razón lo recogí
y miré las llamadas. La última que había hecho había sido menos
de treinta minutos antes. Era un código de área 562. Me sorprendió el hecho de que él hubiera oprimido el número *67, para que su
número no se registrara cuando marcó. Había llamado a alguien y,
obviamente, no quería que su número saliera en el celular de la otra
persona.

Marqué el número. Y respondió una mujer.

Colgué el teléfono y me fui al baño, donde lo encontré sentado en
el jacuzzi con una toalla en su cintura, refrescado y relajado después
de bañarse.

—¿Quién es? —le pregunté, marcando el número otra vez mientras prendía la bocina del teléfono. Vi la misma mirada estúpida que
había puesto en su pinche cara la primera vez que lo agarré con las
manos en la masa. No sabía qué decir. Me volví loca. Le tiré todo
lo que pude encontrar: vasos, frascos de perfume (lo suyos, por supuesto), floreros, todo aquello con lo que pudiera hacerle daño.

—¡Yo no hice nada! —gritó—. Sólo la llamé. ¡Me acaba de dar su
número! —Me juró que sólo había sido una llamada telefónica, pero
no me importó, para mí la intención lo hacía culpable. Se pasó de la
raya. Mi corazón lo amaba, pero mi mente lo odiaba por ser tan pendejo y por poner nuestro matrimonio en peligro una vez más. Le dije
que se largara con su madre. Necesitaba estar sola.

Se quedó en casa de su madre en Huntington Park un par de semanas, pero él siempre me pedía que le permitiera volver. Me decía
lo mucho que echaba de menos a los niños y a mí, pero yo no podía
dejar de preguntarme si lo que en verdad echaba de menos era el
nuevo estilo de vida al que ya se había acostumbrado. No me podía
sacar esa duda de la mente.

Finalmente, lo dejé que volviera a casa, pero a partir de entonces
la relación fue de mal en peor. Pensé que iba a darme una úlcera.

Después de lo que pasó, yo no podía ser la esposa fiel y comprensiva que había prometido ser cuando nos casamos. Los pleitos aumentaron pero ya no me importaba. Una vez llegó a la casa con un hermoso abrigo fino de regalo para pedirme disculpas, ¡y habría sido un bonito gesto si el pendejo hubiera usado su propio dinero para comprarlo! Cada vez que me ponía ese abrigo, caminaba por ahí diciendo:

—¿No te encanta el abrigo que Juan me compró y que yo pagué?

Cuando andábamos de gira, teníamos pleitos antes, después y hasta durante mis presentaciones. Al pendejo no le importaba que yo estuviera a punto de subir a cantar, y quería pleito conmigo ahí mismo, mientras me dirigía al escenario, y al subir yo estaba de mal humor. Pero quería darle a mis fans mi mejor empeño, después de todo, ellos habían pagado para venir a verme y no era su culpa que yo estuviera lidiando con aquel imbécil. Pero para dar lo mejor de mí tenía que estar en el mejor estado emocional y Juan no me dejaba lograr eso.

A veces se quedaba en el hotel viendo la tele mientras yo salía a ganar dinero. Otras, nuestros pleitos ocurrían en presencia de mi banda y mis representantes. Una noche, después de mi presentación en Utah, tuvimos una de nuestras peleas, en la que la tele voló por el aire y hasta mi ropa de escenario terminó en la alberca. Todo el mundo se enteró. Me sentí muy mal, y me dio mucha vergüenza. Más y más gente se enteró de la mala vida que yo estaba viviendo.

Estaba tan encabronada que lo dejé en el hotel en Utah. Dejé al pendejo sin nada. Sin transporte, sin cartera, sin licencia de manejar, sin dinero. Sin nada. Así estaba yo de enojada y dolida que no me importó si él no regresaba a la casa. Yo tenía que seguir adelante. No iba a dejar que las chingaderas de mi vida personal estorbaran en mi camino hacia el éxito. Mi talento era estable, mi relación con Juan no. ¡Y no me iba a detener!

En la noche del Año Nuevo de 2002 yo estaba sentada con mi hermano Juan en casa de mi madre. Hablábamos de nuestros propósitos para el año nuevo.

—Este año que viene —le dije a mi hermano—, voy a dejar a mi esposo para siempre. Estaré felizmente divorciada en la víspera del 2004. Ya verás.

Me miró y se echó a reír.

—Estás loca, Chay. ¿Qué tipo de propósito es ese? Con razón ustedes no pueden resolver sus problemas.

No estuve de acuerdo con mi hermano. Yo había hecho la lucha para que funcionara nuestra relación. Había ido y venido del mismísimo infierno con este güey. Y el pendejo me había engañado cuando más lo necesitaba. Lo perdoné y tuve otro hijo con él. Me había estado partiendo la madre para echar a rodar mi carrera y darle una vida mejor a mis hijos y mi familia. ¿Cómo iba a llegar más lejos en mi carrera con tantos pinches pleitos? Pero no sólo se trataba de mi carrera. También se trataba de mis hijos. Cuando me encabronaba con Juan me ponía violenta. Una vez le quebré el teléfono en la cabeza cuando me enteré de que él había estado hablando por teléfono con otra mujer. Yo no quería que mis hijos vivieran con violencia doméstica. No quería que los dos niños que tenía con Juan vieran la mala vida que llevaban sus padres. Ellos no pidieron nacer, yo los traje al mundo y era mi responsabilidad que vivieran vidas felices y saludables. También en mí estaba darles una vida mejor que la que habíamos vivido antes. Quería lo mejor para mis hijos y sabía que no sería capaz de dárselo si no me liberaba del pendejo que me estaba deteniendo.

Cuando regresé de México de hacer unas presentaciones, alguien me dijo que Juan se la había pasado en un club mientras yo trabaja. Que bonito, ¿eh? Marzo llegó, y en lugar de celebrar su cumpleaños, decidimos no dirigirnos la palabra.

El 4 de abril de 2003 no tenía conciertos planeados para el fin de semana, y por eso Juan y yo decidimos ir al concierto de la Banda el Recodo en el Universal Amphitheatre. Nos lo pasamos muy bien con Renán Almendárez Coello (El Cucuy), su equipo, y otros empleados de La Nueva 101.9. Cantamos, tomamos, y Juan y yo nos la pasamos bien a gusto juntos. Fue la última vez que lo hicimos.

A la mañana siguiente tenía planeado ir a comprar un vestido para ponérmelo esa noche en la boda de un amigo de Juan. Ya que el novio era un amigo de la secundaria, yo quería que Juan estuviera de acuerdo con lo que iba a ponerme. Siempre me importó cómo me veía ante sus amigos y familiares. Pero antes de salir de la casa, contesté algunos e-mails y comentarios en mi página web y mi foro en Univision.com. Él odiaba que yo hiciera eso, decía que me pasaba demasiado tiempo contestando las preguntas de mis fans. Pues no me importaba y lo hice de todos modos, en parte para conocer a mis fans mejor y, en parte, por cabrona.

Cuando me fui a la tienda, me dijo que regresara a las 5:00 pm, pero regresé hasta las 5:30 pm. Entré a la casa sin aliento. Juan estaba en el baño y estaba encabronado.

—¿Qué no te dije que quería salir a las cinco?

—Lo sé, *babe*. Lo siento. No pude encontrar nada que me gustara. Estaré lista en unos minutos.

—Si no hubieras perdido el tiempo en el Internet chateando con tus fans, estaríamos en camino ahorita.

—Te dije que me no me tardo en arreglarme, Juan. No me hagas echarte en cara las chingaderas que también tú has hecho. Los dos sabemos que eres bueno para perder el tiempo haciendo cosas que no debes.

Yo me estaba encabronando. Seguimos echándonos pedradas hasta que él me amenazó con irse a la boda sin mí.

—A que no te atreves —le dije. Cinco minutos más tarde vi desde la ventana del baño que se iba. Pensé darle treinta minutos para llamarme o volver a casa, ¡si no pobre de él! Llamó treinta y cinco minutos después. Yo no contesté, se había pasado cinco minutos y esa fue la gota final.

Me vestí y me fui con mi amiga Erika, que había cumplido años el día anterior. Fuimos a celebrar en el Mirage, un club nocturno en la ciudad de Artesia. Nos la pasamos de a madre. Se sentía increíble ser libre por lo menos una noche. En la pista de baile no existía ningún Juan. No existían los problemas ni los pleitos. Sólo Erika y yo, la música hip-hop y las copas de tequila. Yo estaba decidida a ser feliz con mi marido o sin él.

En mi corazón yo sabía que todo había terminado. Sabía exactamente lo que tenía que hacer para que él no tuviera duda alguna de que hablaba en serio. Me pasé la noche en casa de Erika. Mis hijos estaban en mi casa con la niñera y le pedí que se quedara hasta que Juan llegara. No volví a mi casa hasta las diez de la mañana del día siguiente. Había cruzado esa línea a propósito.

Después de eso no nos hablamos por días, ni una palabra. Tampoco cociné ni atendí sus necesidades. Nada de sexo, nada de nada. Yo dormía en la sala y él en la cama, como lo hacía cada vez que había pleito. Trató de hacer las paces varias veces y cuando no resultó, trató de llegar a mí a través de los niños. Pero yo ya estaba decidida.

El 23 de abril de 2003, tres días después de la Pascua, solicité el divorcio. Yo no podía entregarle la petición de divorcio así que le pedí a su hermana, María, que lo hiciera. ¡Ya no más chingaderas! Por dos meses vivimos como extraños en la misma casa. Aunque estaba decidida a seguir adelante con el divorcio, me dolía saber que todo estaba llegando a su fin. Lo quería mucho, pero ya no lo soportaba. La atracción física seguía allí, pero la atracción mental se había acabado. Él

me había lastimado demasiado y ya había hecho demasiadas pendejadas. Ya no podía respetarlo y respetarme a mí.

Juan había manejado gran parte de mi carrera, entonces decidí
que eso era lo primero que tenía que cambiar. Yo había trabajado
antes con un promotor artístico llamado Gabriel Vázquez y su socio,
Ariel. Cuando decidí que Juan y yo nos íbamos a divorciar, les pedí
que se hicieran cargo de mis presentaciones por completo. Entonces
mi abogado, Anthony Lopez, me presentó a un mánager llamado
Pete Salgado. Anthony le dijo a Pete: «A ver que puedes hacer con
ella», ya que nadie en la industria me tomaba en serio y me seguían
viendo nada más como la hermana de Lupillo Rivera.

Pete había terminado de trabajar con el popular grupo Los
Tucanes de Tijuana y se parecía mucho a mí: serio, centrado y
decidido. Nos caímos bien y empezamos a hablar en GRANDE. Le
pregunté:

—¿Por qué no puedo ser como Mary J. Blige?

Y él respondió:

—Tú puedes. Lo harás.

Era una idea descabellada en ese momento, pero éramos dos soñadores soñando el mismo sueño.

También tenía un publicista con contactos en el Ford Amphitea-
ter en Los Ángeles. Yo estaba decidida a cantar en un lugar que no
fuera un club, así es que usé sus conexiones y fijamos una fecha para
mi primer concierto de verdad: el domingo, 6 de julio de 2003. Cuatro
días después de que cumpliera mis 34 años.

El Teatro Ford tiene mil asientos. En ese entonces el teatro no
tenía acceso al servicio de Ticketmaster, así que si el público quería
comprar boletos, tenía que ir personalmente a la taquilla en Hollywood. «¡Chingado!», pensé, «¿cómo diablos voy a vender mil asientos?». Ninguno de mis fanáticos iba a querer hacer un viaje extra a

Hollywood sólo para comprar boletos. Empezamos a promover el programa en blogs y en mi página de MySpace (Facebook y Twitter no existían en ese entonces). Los fans nos escribían con el número de boletos que querían. Entonces Rosie, Gladyz, mis hermanos y Pete se subían en el carro y andaban por todo el sur de California entregando personalmente los boletos. Yo estaba decidida a hacer que ese concierto fuera un éxito por muchas razones, especialmente porque era el primer evento que había coordinado sin Juan. Tenía que demostrar que podía hacer esto por mi cuenta.

Le echamos un chingo de ganas para vender los boletos todo el mes de junio. Chiquis, en su último año de escuela, comenzó a escuchar rumores de que su padrastro había sido visto con una de sus putas en la Hacienda, un club en la ciudad de Norco. Ella oía chismes diferentes sobre él cada semana acerca de a qué club de striptease, discoteca o concurso de piernas había ido el fin de semana. Estaba tan avergonzada de que el menso de Juan se atreviera a hacer esas pendejadas en lugares tan cerca de la casa. Sus amigas, sin saber que Juan y yo nos estábamos divorciando, le decían a Chiquis que su padrastro estaba engañando a su madre. La mataba saber que sus compañeras pensaran que a mí me estaban viendo la cara.

Más pronto de lo que podía imaginar, los chismes llegaron más allá de la preparatoria. Juan y yo estuvimos de acuerdo en que nadie se enterara de nuestro divorcio porque vimos cómo el divorcio de Lupe el año anterior se puso color hormiga y se convirtió en un fiasco con los medios. No queríamos pasar por lo mismo. Pero Juan estaba actuando como un loco y se pasaba de fiesta en fiesta noche tras noche. Como él había salido en mis videos musicales, la gente sabía quién era, sobre todo mis fans. Siempre que cualquiera de mis fans lo veía por ahí actuando como soltero, llamaban y escribían a las estaciones de radio. Lo que andaban diciendo en la calle era «A Jenni Rivera le están viendo la cara. A Jenni se la están haciendo...».

Empecé a recibir llamadas de estaciones de radio y los locutores me decían lo que mis fans habían reportado.

Sabiendo que un divorcio tranquilo no iba a ser posible, me empecé a sentir como una estúpida. La imagen de mujer fuerte que había creado para mis fans y la industria se estaba dañando. Para mantener mi dignidad tenía que hablar.

El 30 de junio de 2003 tuve una entrevista de radio con Tomás Rubio, un locutor en la Que Buena 105.5. Se suponía que íbamos a hablar de mi próximo concierto. Unas semanas antes, él me había preguntado sobre la situación con Juan. Yo le había dicho que no estaba dispuesta a hablar de ello. A estas alturas los chismes eran mucho más grandes y la situación se estaba descontrolando. Durante la entrevista, me preguntó:

—Nos hemos dado cuenta de que siempre llevabas a tu esposo a todas partes, pero hace unos meses lo dejaste de hacer. ¿Qué está pasando?

Le aclaré que habíamos iniciado el proceso de divorcio dos meses antes, y que, técnicamente, Juan era un hombre libre. ¡Así fue como mis padres se enteraron!

Al día siguiente me invitaron a cantar una canción que había grabado con Akwid en la fiesta de lanzamiento de su disco en el House of Blues. Los medios estaban allí. Mientras iba por la línea de prensa, ninguno de los periodistas me preguntó acerca de Juan o de mi entrevista con Tomás Rubio. Pero al final de la línea Magaly Ortiz, una periodista del programa *Primer Impacto* de Univision, me preguntó si me estaba divorciando. Había escuchado la entrevista. No tuve más remedio que confirmárselo.

Al día siguiente, en mi cumpleaños, la noticia se hizo nacional. Después de que los rumores fueron discutidos en *Primer Impacto*, todos los otros medios en español anunciaron la noticia. Dado que se trataba de un registro público, Jessica Maldonado del programa

El Gordo y la Flaca fue capaz de obtener una copia de la petición de divorcio de la corte del Condado de Riverside. También tenía en sus manos los papeles que el abogado de Juan había presentado. Juan se había ido de la casa casi un mes antes; el 6 de junio, pero no antes de pedirme 10,000 dólares para rentar un departamento. Todo lo que yo quería era que se fuera, así que le di el dinero. Con ese dinero el muy canalla contrató a un abogado y le pidió que presentara una demanda de pensión alimenticia. Jessica se aseguró de contarle al público todo con lujo de detalles. Se convirtió en un problemón en los medios de habla hispana. Por lo menos en la comunidad latina, ¡es raro que una mujer le pague una pensión alimenticia a un pinche hombre!

Mi concierto en el Ford se llevó a cabo cuatro días después de la noticia. Habíamos vendido ochocientos boletos, a pura entrega a domicilio. Para mi sorpresa, horas antes de que subiera al escenario las otras doscientas entradas que sobraban también se vendieron. No lo podía creer, ¡había vendido por completo mi primer concierto!

Por supuesto, toda mi familia estaba sentada al frente y al centro. Yo llevaba muchos vestidos hermosos de mariachi y me cambiaba de ropa entre los intermedios. Uno de ellos se rompió por la espalda mientras cantaba, así que terminé la canción y luego anuncié en el micrófono lo que había sucedido. Llamé a mi estilista al escenario para arreglarlo, y vino con una aguja e hilo y comenzó a coser mi vestido mientras yo bromeaba un poco con él.

—¿Es culpa de mi trasero? —le pregunté—. Sé honesto. ¿Engordé?

Siempre he creído que es mejor dar frente a la vergüenza que huir de ella. Al público le encantó. Esa noche escuché a mil personas riendo conmigo, echándome porras, llorando y cantando conmigo. Independientemente de lo que estuviera pasando en mi vida personal, sentí que yo iba a estar bien.

Mientras tanto, mi ex Juan era interrogado dondequiera que

fuera. Muchas personas lo despreciaban. ¿Cómo se atrevió a pedirle dinero a una madre soltera con cinco hijos? ¿Qué no tenía suficientes huevos para mantenerse a sí mismo? Mi familia, mis hijos y yo pensamos lo mismo. Los procesos de divorcio comenzaron y no fue nada bonito. Me prometí que nunca lo perdonaría por quitarme el dinero que le pertenecía a mis hijos. Mis hermanos querían partirle la madre. Rosie estrelló un montón de huevos en el carro de Juan. Por primera vez fui la Rivera que mantuvo la calma y en lugar de lidiar con él, me entregué por completo a mi música más que nunca. Para entonces ya había aprendido que no hay mayor venganza que el éxito y la felicidad (¡aunque eso no quería decir que no fuera a dejar que mi hermana cubriera de huevos su amada camioneta!). Mi carrera iba para arriba y aunque me encabronó tener que darle a Juan parte del dinero que yo me chingaba para ganar, estaba agradecida de que la situación no fuera al revés. Hasta le canté una canción, «Las mismas costumbres», con una letra en la que le decía lo que yo sentía:

> *«con cariños curé tus heridas*
> *y hoy con pleitos en corte me pagas»*

13

La Gran Señora

Tenemos que hablar de mujer a mujer
Hay que dejar unas cosas en claro.

—De «La Gran Señora»

Mientras pasaba por mi separación con Juan, también estaba lidiando con otros problemas familiares: el matrimonio de cuarenta y dos años de mis padres se estaba desmoronando, mi hermosa hermana estaba pasando por una profunda depresión, y yo me sentía culpable.

Rosie nunca trató de superar el abuso sexual con consejería o terapia intensa. Todo lo contrario, recurrió a las drogas y al alcohol, y por un tiempo hasta cayó en la promiscuidad. Salíamos a clubes y se ponía minifaldas.

—¿No podías conseguir otra falda más corta? —me burlaba. Ella me explicaba que era por razones prácticas: las minis hacían más fácil que los miados salieran y que el pene entrara. Rosie y yo siempre jugábamos sobre el sexo y nos decíamos:

—Qué puta eres.

La única respuesta adecuada a eso era:

—Bueno, y que putísima eres tú.

Viniendo de otra persona, esas palabras habrían comenzado una bronca, pero en nuestro mundo eran términos cariñosos. Las dos sabíamos que estábamos jugando.

Yo sabía que el abuso de drogas y la promiscuidad eran el resultado del abuso sexual y nunca la juzgué ni la hice que se avergonzara, pero era difícil ver a mi hermanita lidiar con su dolor de esta manera. En 2002 ella estaba saliendo con un muchacho y quedó embarazada. El día que ella se lo dijo, el cabrón la dejó. Durante los primeros dos o tres meses ella lloraba día y noche. Mis hermanos estaban dispuestos a agarrar a chingadazos al pendejo.

—Eso no la va ayudar —les decía—. Eso no es lo que Rosie quiere o necesita.

Yo entendía lo que era estar embarazada y sentirse completamente sola, sólo deseando que el padre de tu hijo regresara para amarte como necesitabas ser amada.

Llamé a su ex y traté de hacerlo entrar en razón.

—No te estamos juzgando —le aseguré—. Estamos aquí para ayudarte —Pero él ya había tomado su decisión. No iba a volver.

Cuando Rosie tenía unos seis meses de embarazo, mi madre dejó caer una bomba, que nos cambió para siempre. En diciembre de 2002, después de haber asistido a los Premios de la Radio, nos pidió a todos que viniéramos a su casa. Era casi medianoche y estaba sentada allí con mis hermanos, Rosie y mi madre, esperando que mi apá entrara. Estaba rodeando la cuadra con su carro, parecía que no quería hablar con nosotros. Todos nos preguntábamos qué estaba pasando y por qué estaba actuando así. Mi madre finalmente se rindió y nos dio la noticia: nuestro padre la estaba engañando.

Nos cayó como un balde de agua fría.

—Si no me creen, tengo pruebas —dijo—. Contraté a un investigador privado y hay video.

Dijo que había aprendido a hacer eso de mí. Aunque yo estaba tan triste, estaba también orgullosa de ella por decidir que no iba a aguantar más. Le dijimos que no era necesario que viéramos ese video, que le creíamos. Uno de nosotros le preguntó:

—¿Podría perdonarlo?

Fue entonces cuando nos enteramos del secreto que nos había escondido toda la vida. Mi padre siempre la había engañado, desde que ella quedó embarazada por primera vez a los quince años de edad. Por eso siempre tuvo miedo de quedar embarazada. Pues era entonces cuando él más le daba rienda suelta a sus mañas. Ella no tenía ninguna amiga porque cada vez que traía a otra mujer a casa, mi padre coqueteaba con ella y muchas veces acababa cogiéndosela. Fue tan difícil escucharla decirnos esto. Era tan difícil saber que se había estado guardando esto por cuarenta y dos años. Pero la parte más difícil de oír era que mi madre le había advertido a mi padre hace mucho tiempo que si iba andar con sus chingaderas, más le valía no dejar a sus putas embarazadas. Eso le partiría el alma por completo, pero ahora eso fue exactamente lo que había pasado.

Por último, mi papá entró. Le preguntamos si era cierto y él se sentó en silencio. Juan le pidió a mi padre, llorando:

—Por favor no deje que se desmorone esta familia. Ustedes son todo lo que tengo. Pídale disculpas a mi mamá. Esto nos va a destruir.

Todos éramos adultos con hijos y vidas propias, sin embargo, en ese momento éramos todos niños otra vez, desesperados por salvar a nuestros padres del divorcio. La reunión terminó sin una disculpa de mi padre. Todos nos fuimos con el corazón roto por ver así a nuestra pobre madre y el sentimiento de impotencia al saber que no podíamos cambiar nada. Sólo Rosie se quedó, ella vivía allí porque el padre de su criatura la había dejado. Ahora ella se quedaría atrapada en un hogar donde la tensión era tan pesada que apenas se podía respirar.

Los meses siguientes, mis padres vivieron bajo el mismo techo pero no se dirigieron la palabra. Daddy no se iba porque dijo que había trabajado toda su vida para pagar esa casa. Mi mamá no se iba porque tenía miedo de que la amante de mi padre y su nuevo hijo se fueran a vivir ahí. Mientras tanto, todos estábamos atentos para ver qué pasaba. Esta fue la primera vez en cuarenta y dos años de matrimonio que mi madre habló en contra de mi padre. Fue la primera vez que se negó a cocinar o limpiar para él, la primera vez que lo echó de su cuarto y lo hizo dormir en el piso de su oficina, la primera vez que se negó a hacerse de la vista gorda. Vimos su relación desmoronarse ante nuestros ojos y no podíamos hacer nada para detenerlo.

—Quiero que se disculpe —nos dijo mi madre—. Quiero que me respete. Quiero que me quiera. Ustedes no saben lo que es vivir toda tu vida sin sentirte amada. Sin ser respetada.

Pero yo sí sabía. Había pasado por eso con Trino y Juan. Le aseguré que iba a estar a su lado sin importar lo que ella decidiera hacer.

Mi mamá tenía la esperanza de que él fuera a dejar de ver a la otra vieja y solucionara sus problemas. Sin embargo, mi madre se enteró por sus amigos y vecinos de que él aún tenía a su amante; incluso nos enteramos de que la vieja estaba casada con uno de los socios de mi padre y de que la conocíamos. Había venido a nuestra casa varias veces y había intentado primero meterse con mis hermanos. No lo consiguió pero sí conquistó a mi papá y todos pensamos que era sólo por su dinero.

Mi padre estaba durmiendo en el suelo de su oficina y eso les molestó a algunos de mis hermanos.

—Bueno, se puede comprar una pinche cama —les dije—. Además, es su culpa.

En el escenario quería llorar por mis padres, pero nunca le dije a mis fans lo que estaba pasando. Mis padres todavía vivían juntos y todos esperábamos que las cosas se arreglaran, pero yo sabía que no.

Ya que lo poquito que podía hacer por mi mamá era estar con ella, le escribí una canción llamada «La Gran Señora», que habla de una mujer frente a la amante de su marido, a quien le dice:

—Lo que es mío es mío. No voy a dejarlo. Voy a pelear y defender mi honor. Yo soy su señora. Y mucho me ha costado.

Todos los medios pensaron que se trataba de mí y nunca los corregí porque no quería que los problemas de mis padres salieran al público. Cuando empecé a componer canciones, escribía acerca de muchachas que les gustaba pistiar y narcos que no existían. A medida que crecía como artista, las canciones me ayudaron a superar mis problemas personales y enviar un mensaje. No importa la edad que tengas, ver a tus padres sufrir es muy doloroso. «La Gran Señora» me ayudó a procesar el dolor.

Cuando Rosie tuvo a su niña Kassandra en marzo de 2003, mis padres comenzaron a dirigirse la palabra, aunque fue muy poco, Kassey llevó la luz a esa casa, ella era la razón de que todos nosotros nos reuniéramos sin sentirnos incómodos, y las pocas conversaciones que mis padres tuvieron ese primer año fueron todas sobre Kassey.

Rosie subió ochenta libras durante su embarazo y después de tener a la niña, subió aún más. Estaba deprimida y metida en un hoyo. Yo no podía soportar verla así y me sentía totalmente responsable. Sabía que gran parte de su depresión provenía del abuso sexual, y yo tenía que encontrar una manera de ayudarla. Una tarde entré a la casa de mis padres y la vi sentada en el sofá, llorando.

—¿Qué pasa, Samalia? —le pregunté. (Samalia es uno de los muchos apodos que tengo para Rosie).

—Estoy muy gorda. No puedo perder este peso. El papá de mi bebé nunca va a volver conmigo si me quedo así.

Por dentro el corazón se me rompía, pero sabía que chiquiarla no iba a resolver nada. Además, nunca ha sido mi estilo.

—Bueno, pues tienes opciones —le dije—. Puedes sentarte aquí y ser una bola de mesa por el resto de tu vida, o puedes levantarte y hacer algo al respecto. Dime lo que quieres. Dímelo fuerte.

—Quiero ser delgada.

—¿Por qué?

—Porque quiero comprar ropa normal. Quiero sentirme bonita.

—Tienes que imaginártelo y trabajar muy duro. Te voy a ayudar, pero tienes que tomar esta decisión. Quiero saberlo hoy, ¿vas a hacerlo?

—Sí.

Entonces le contesté con mi frase favorita:

—¡Vamos a Tijuana!

Durante nuestra niñez, siempre habíamos ido a Tijuana cuando estábamos enfermos porque nunca habíamos tenido ningún tipo de seguro médico. También Tijuana es el lugar donde la gente va para hacerse «arreglitos».

—Te haremos la liposucción —le dije—. ¿Quieres eso? —Pensé que si ella no iba a ir a un terapista adecuado, un cirujano plástico funcionaría igual de bien. Tal vez mejor.

—Quiero el bypass gástrico —dijo.

—¿Qué es eso?

—He estado investigando. Es cuando hacen tu estómago más pequeño. Funciona mejor a largo plazo.

Pregunté por ahí entre los amigos de la industria y me recomendaron al Dr. Buenrostro. Ese junio fuimos a Tijuana y a Rosie se hizo la cirugía. Empezó a perder peso de inmediato. Yo estaba tan contenta por ella y pensé que la sacaría de su depresión, pero su estado de ánimo aún estaba en el suelo.

Durante los próximos tres meses Rosie cayó en una depresión aún más profunda debido a la vergüenza del abuso sexual y el rechazo del hombre que ella amaba. Dejó de usar maquillaje, sólo vestía con pantalones deportivos y rara vez se bañaba. Fue muy doloroso ver su hermoso espíritu escapándose de su cuerpo. Una vez más yo me eché la culpa porque desde que Rosie nació, me prometí ser su protectora y asegurarme de que estuviera feliz. Cuando me enteré del abuso sexual me rompí en pedazos al saber que le había fallado a ella y a mis hijas. Desde ese día hice una promesa a ellas y a mí misma de que iba a pasar el resto de mi vida arreglando las cosas. Pero yo le seguía fallando a Rosie. Ya no sabía qué hacer.

Al mismo tiempo, mis padres, que nunca habían hablado mal uno del otro durante cuarenta y dos años, estaban ahora llamándome para darme sus quejas. Aparte de esas llamadas recibí un mensaje de mi abogado. Juan, quien muy pronto sería mi ex marido, alegaba que como él me había ayudado con mi carrera de artista merecía que se le pagara por ello. Según su abogado, él se había «acostumbrado a una vida de lujos mientras estuvo casado con la estrella que él había creado y manejado. Por lo tanto, ahora se veía afectado económica y emocionalmente». ¡Calcularon que merecía 6,000 dólares al mes en manutención y 100,000 dólares para pagar a su abogado! Yo no podía creer esa nueva pendejada. ¿No era éste el cabrón que yo había apoyado cuando lo metieron al bote? Incluso hasta hice los pagos de manutención de sus niños cuando estuvo preso. ¿Acaso no lo salvé de la pinche deportación casándome con él? Me había engañado durante el momento más difícil de mi vida, ¿y ahora era yo la que le debía? ¡Qué poca madre!

Por otro lado, había conocido a un hombre nuevo, Fernando, que me trataba como Trino o Juan nunca lo hicieron. Y finalmente me estaban cogiendo como se debe...

14

Pinche pelón

¿Está lloviendo en tu casa como está lloviendo en la mía?
¿Hay truenos y relámpagos, hasta cuando brilla el sol?
—De «Is It Raining At Your House?»

Vi a Fernando por primera vez la noche en que fui con Erika al Club Mirage en abril de 2003, la misma noche en que decidí que todo había terminado con Juan. Fernando trabajaba en el departamento de promociones en la Que Buena, y estaba en el Mirage por asuntos de trabajo. Nuestras miradas se cruzaron dentro del club y me gustó. Tenía aspecto de cholo con la cabeza completamente rapada, pero con una cara bien chula. Esa noche no hablamos, pero claro que no lo olvidé.

Lo volví a ver un par de semanas más tarde, en una promoción de venta de zapatos para beneficiar a la Que Buena. Se encargó de llevarme a los vestidores y asegurarse de que no me faltara nada. Sentí una conexión desde el momento en que me empezó a hablar. Era muy chistoso y encantador. Cuando estaba sentada en la mesa dando autógrafos, le murmuré a Rosie:

141

—¿Ves al pelón? ¿Está guapísimo, verdad?

—Sí, está guapo —dijo—. Pero parece cholo.

Era cierto. Llevaba una camiseta vieja, pantalones flojos y zapatos Nike Cortez blancos. Era muy diferente a los demás tipos con los que yo había estado, y creo que fue por eso me sentí tan atraída hacia él. Algo tenía que se me hacía difícil sacarlo de mi mente.

La tercera vez que nos vimos fue el 16 de julio de 2003, en El Rodeo, un club en la ciudad de Pico Rivera. Mi padre tenía una presentación allí esa noche, y fui con mis hermanos Gus y Juan, y mi cuñada Brenda para pasar un buen rato y verlo cantar. Para entonces yo ya era bastante conocida en el sur de California, especialmente entre la gente de El Rodeo. Fernando se me acercó y dijo:

—Mira, sé que estás ocupada, ¿pero me prometes bailar la última canción conmigo?

—Está bien, te lo prometo —le respondí.

Cuando las luces comenzaron a anunciar la última llamada, yo estaba bailando con otro, pero me detuve para buscar a Fernando. Lo encontré allí de pie, esperando a ver lo que iba a hacer. Caminé hacia él y lo llamé. Bailamos, pero después nos perdimos en el gentío. Yo estaba un poco borracha y como la noche había llegado a su fin, mis hermanos trataron de meterme en su carro.

—No —les dije—. Quiero hablar con el pelón. No me iré hasta que hable con el pelón.

Cuando vieron que no iba a ceder, Brenda fue a buscarlo. Fernando ya estaba en la camioneta de la Que Buena, listo para irse. Brenda le tocó la puerta y le dijo:

—Jenni dice que no nos iremos hasta que vengas a hablar con ella.

—Órale. ¿Dónde está?

Brenda me lo trajo.

—¿A dónde vas? —le pregunté.

—A Jack in the Box.

—¡Perfecto! —dije—. Me voy contigo.

Brinqué en su camioneta y me fui con él y su amigo George, quien manejaba. La camioneta estaba llena de bocinas y un montón de chingaderas. Me senté en una bocina mientras nos dirigimos al restaurante Jack in the Box, que estaba justo cruzando la calle de El Rodeo. Al parecer, era el lugar a donde todos se fueron después de que el club cerró. Estábamos esperando en la fila de autos para ordenar nuestra comida desde el carro cuando vi a Gus y Juan caminar hacia la camioneta. Abrieron la puerta y me vieron sentada en la bocina.

—Salte de la pinche camioneta, Jenni — me ordenó Juan.

—No —dije, cruzando los brazos—. No voy a salirme.

Estábamos estorbando y no podía avanzar la línea, y la gente empezó a mirarnos a Juan y a mí discutiendo en la camioneta de la Que Buena. Todo el mundo parecía estar disfrutando del espectáculo y no les importó mucho que la línea para ordenar comida no se moviera.

Cuando Juan se cansó de pelear conmigo, me cargó y me tiró en la cajuela de su carro. Estaba a punto de cerrar la cajuela cuando Fernando salió corriendo.

—¡Espérate! —gritó—. No hagas eso.

Así fue como Fernando conoció a Juan y a Gus. Fernando me sacó de la cajuela y, luego, como siempre, yo me salí con la mia. Mis hermanos me dejaron ir en la camioneta con Fernando, pero Juan dijo:

—Si vas a salir con él esta noche, vamos a salir juntos. Síganme a mi casa.

Después que compramos nuestros tacos, nos dirigimos a la autopista, siguiendo a Juan a su casa. George manejaba y Fernando iba en el asiento del pasajero. Yo todavía iba trepada en la pinche bocina.

—¡Desvíate! ¡Ándale! Desvíate! —le grité a George.

—Mejor no, George., sigue el puto camino —dijo Fernando.

—No seas pendejo —le grité—. ¡No los sigas, George!

No importó lo fuerte que gritara, Fernando seguía repitiendo:

—Quédate en el puto camino, George.

Pobre George no sabía qué hacer, pero le hizo caso a Fernando, a pesar de que mi plan era mucho mejor. Llegamos a la casa de Juan a seguir divirtiéndonos y bebiendo. Cuanto más hablaba con Fernando, más me gustaba. Esa noche le di mi número.

Pocos días después, Fernando me llamó para invitarme a cenar. No podía esperar para volverlo a ver.

—¿Dónde estás ahora? —le pregunté.

—Pacoima.

—Bien. Estoy cerca. Allá te veo.

Nos encontramos en la presa de Hansen. Fuimos a comprar tacos y luego regresamos a la presa con la comida. Hablamos por horas de todo y de nada. Yo nunca había hecho conexión con otra persona como con Fernando. Nos entendíamos. Los dos éramos del barrio. Crecimos escuchando los *oldies* y conocíamos todas las canciones clásicas que ponían en el radio. Podía hablar con él de cualquier cosa: mis hijos, mi carrera, los cambios de los diferentes géneros de la música, lo que había de nuevo en la industria. Era inteligente, interesante y dulce. Lo mejor de todo, el cabrón podía hacerme reír. Los güeyes con los que había salido antes no tenían ni el más pinche sentido del humor. Con Fernando era algo totalmente nuevo. Para cuando me di cuenta, ¡habían pasado ocho horas! Él es, pensé. Es él el hombre que yo necesitaba.

Y después... no hablamos por todo un mes.

Fue mi culpa, él sí me llamó pero yo nunca le regresé las llamadas. Estaba pasando por un momento muy horrible con Juan y el divorcio consumía cada uno de mis pensamientos. Cuando finalmente lo llamé, recibí un mensaje de que el número ya no estaba en servicio. Llamé a la estación de radio y hablé con George, y él me dio el nuevo número de Fernando. Esa noche hablamos por teléfono, ¡trece horas seguidas!

Nos entregamos por completo a la vida de cada uno. Le dije cosas que nunca había compartido con nadie más porque algo en él me permitió esa honestidad.

Una vez que salimos fuimos al restaurante Norms. Pedimos nuestras bebidas, y cuando pedí una limonada Fernando cantó: «Limonada, esa bebida refrescante», al igual que Eddie Murphy en su chistosa rutina de comedia. Me encantaba la comedia en general, pero en especial la de Eddie Murphy. Me sabía de memoria cada palabra de su rutina. Juan López no la entendía. ¿Y el pinche de Trino? ¡Menos! ¡Pero aquí me llegó un tipo que podía hasta cantarla! Si pudiera señalar el momento en que me enamoré de ese cabrón, sería ese momento.

Unas semanas después, me llevó en un barco de crucero, el «Queen Mary», durante un fin de semana y no me dejó pagar nada. Era muy irónico, yo estaba en pleno divorcio con Juan, y ese güey podía gastarse mi dinero como si nada y ahora hasta me estaba chingando por más. Sin embargo, Ferrando, que se andaba muriendo de hambre, no me dejaba abrir mi cartera. Me abría las puertas, sacaba la silla para que pudiera sentarme. Tenía aspecto de cholo, pero su madre le había enseñado a ser un caballero.

Cuando nos sentamos a cenar, contemplé el mar. Su espuma era de un azul de neón eléctrico, como las luces de un club. Todas las personas ahí miraban con asombro. Alguien nos explicó que este raro fenómeno se produce cuando células, bacterias y organismos se unen de una cierta manera. Rara vez sucede en la costa. Hasta el día de hoy es una de las cpsas más interesantes y bellas que he visto. Este tipo de momentos especiales siguieron sucediendo cuando estaba con Fernando, era como si el universo me estuviera diciendo que por fin había encontrado algo bueno.

Fernando era muy diferente a otros hombres. Era diez años menor que yo y vivía con su mamá en una casita en el Valle de San Fernando. Habría trabajado sus ocho horas diarias, si tuviera trabajo, pero siempre los perdía. Ni siquiera tenía carro cuando nos conocimos. Manejaba el viejo Ford Escort verde de su madre, hasta que se lo chingó un día después de tratar de seguirme en la autopista. Nada de eso me importó. Lo que importaba era que él me había dado la pasión y la devoción que siempre había querido.

Ya había pasado por mucho en la vida, pero en muchas cosas todavía era bastante inocente. Por ejemplo, nunca había fumado marihuana, y Fernando era un experto. Fumaba todas las mañanas y todas las noches. Cuando le confesé que yo no sabía fumarla, no me creyó.

—Órale —dijo—. ¿Me quieres decir que creciste en Long Beach y nunca te echaste un toque?

Esa noche la fumé por primera vez y no sentí nada. Así fue como supo que no estaba mintiendo. Explicó que nadie siente nada la primera vez. La próxima vez que fumamos, me di cuenta de inmediato. No podía dejar de reír. Todo lo que decía era de lo más chistoso. Esta fue también la primera noche en que me di cuenta de lo que en verdad es coger. Debe haber sido una combinación de la marihuana y lo que sentía por él, porque esa noche por fin tuve mi primer orgasmo. Tenía treinta y cuatro años de edad.

Nunca me había sentido tan bella como cuando estaba con Fernando. Era guapo y yo sabía que él podía tener a cualquier mujer que quisiera. Todas sus ex novias parecían modelos, pero siempre me decía que nadie se comparaba conmigo. Siempre me echaba piropos, y cada vez que yo decía que quería perder peso, él decía:

—*Babe*, no cambies nada. Así eres hermosa.

Para él yo no era una artista, yo era simplemente Jen. Amaba mi forma de cantar y me apoyaba, pero para él esa sólo era una carrera.

Me quería por ser una mujer apasionada, loca y gánster fuera del escenario, y cuando estábamos solos en la casa de Corona. O cuando andábamos en carro sin rumbo fijo, platicando y escuchando música de nuestros cantantes favoritos: Mary Wells, The Heatwave, The Delfonics, The Stylistics, Easy-E, Biggie, Tupac, Ice-T, Alejandra Guzmán, Graciela Beltrán, Chayito Valdez, Sade, Whitney Houston, Beyoncé, Alicia Keys. Lo que fuera, lo escuchábamos. Dejando de lado el heavy metal y el duranguense, escuchábamos de todo. Nos encantaban los *oldies*, el hip-hop, el jazz, el rap, el reggae y el rock. Y hasta hice que el matón del barrio de Boyle Heights se hiciera fan de la música country.

—Escucha las palabras —le decía—. Esta gente sabe cómo contar una historia.

Nuestra canción especial era «Is It Raining at Your House?» de Brad Paisley. Queríamos saber más de los cantantes. Aprendíamos de sus influencias y sus decisiones nos inspiraban. En Fernando por fin tenía a alguien con quien hablar sobre mis ideas y metas en mi carrera.

La primera vez que conoció a toda mi familia fue cuando Jenicka cumplió seis años, en octubre de 2003. La fiesta fue en Chuck E. Cheese, que no es un mal lugar para presentar al novio a la familia y mantener las cosas ligeras porque es un lugar para niños.

Aun así, mi familia no estaba muy convencida conocerlo. Querían saber lo que tenía que ofrecer. Cada vez que mi mamá conocía a un muchacho con el que yo estuviera saliendo, se acordaba de quien era por lo que él le regalaba. Uno de ellos le dio pan dulce, por lo que ella preguntaba:

—¿Dónde está el muchacho del pan? —Cuando terminé con él, dijo—: Oh, ¿y ahora quién me va dar pan dulce? —Unos meses más tarde le traje a un carpintero. Entonces dijo—: ¡Qué bien! Puede arreglarme el techo! —¡Y hasta hizo que el muchacho le pintara la casa!

Así que cuando mi madre conoció a Fernando, ella dijo:

—¿Y éste qué puede hacer?

Fernando ya no trabajaba en la estación de radio, sino en un almacén de pornografía y vendía películas desde su camioneta. ¡Imagino que eso no era exactamente lo que mi madre esperaba! Todos pensaban que yo me estaba rebajando, pero yo sabía que iban a entrar en razón. Me trataba como reina y me amaba a mí, no a la cantante Jenni, sino a Janney, la persona. Eventualmente mi familia se dio cuenta de eso también. No lo podían negar.

Además, era chistoso y carismático. Se ganó a todos, hasta a mis propios hijos. A los Rivera les caen bien las personas con las que pueden echar relajo y pasar un buen rato. Ese era Fernie (el apodo que todos usan para él).

—Andar con Fernie es como andar contigo. Sabes que te vas a meter en problemas, pero que nunca te atraparán —decía mi hermana.

Después de unos cuatro o cinco meses, Fernie era el favorito de todos, pero yo todavía no había conocido a ninguno de sus familiares o amigos. Eso empezó a molestarme.

—¿Me estás escondiendo? —le preguntaba—. ¿O te estás cogiendo a otra vieja?

—No, *babe*. Sólo que no es seguro que la gente sepa que estamos juntos. Yo vivo en el gueto. Tengo que pensar en mi mamá. ¿Entiendes?

Cuando por fin conocí a su madre, la adoré desde el primer momento en que la vi. Era una mujer increíble que crió a dos hijos sola con un trabajo de salario mínimo. Su marido la abandonó cuando Fernando tenía cuatro años, y después de eso ella nunca se volvió a casar. Iba a misa dos horas cada mañana y se podía vestir con ropa de segunda mano pero lucía como si viniera de Saks. La llamé «suegra» desde el principio. Compartimos un lazo especial, y yo le hablaba por teléfono para pedirle consejos y oraciones. También me gustaba ir a verla por mi cuenta. Me encantaba estar en compañía de ella.

Un día, unos hombres me vieron salir de su casa. Esa noche, a las tres de la mañana, cinco tipos llamaron a su puerta.

—¡Queremos ver a Jenni! —gritaban—. ¡Mi esposa se está muriendo y su último deseo es conocer a Jenni!

Fernando estaba en la casa de un amigo a tres cuadras de distancia cuando su madre lo llamó. Corrió a su casa y encontró a los cinco borrachos en los escalones de la casa de su madre. Les dijo que se fueran a la chingada y entonces me llamó, molesto, para decirme lo que había pasado.

—¿Ya ves? Tú vives en tu castillo en las nubes, y yo estoy aquí lidiando con esta mierda. ¿Ves?

Después de eso fui mucho más cuidadosa. Fernando y yo decidimos mantener nuestra relación en el ámbito privado. Nunca quizo atención y salía huyendo de las cámaras cada vez que veía una. Yo quería guardar algo sólo para mí, algo que los medios no pudieran desmenuzar. Una enorme parte de mi vida se había hecho pública y ¡se sentía tan bonito tener esta intimidad, este pedacito de mundo que era sólo mío!

A los seis meses de que salíamos, Fernando rentó un departamento en la ciudad de Van Nuys, a pesar de que apenas podía con la renta. Dijo que quería que tuviéramos un lugar donde pudiéramos estar solos. Nos gustaba escaparnos a la terraza en la parte trasera, donde sus vecinos no nos veían. Yo tenía una llave, y a veces me gustaba ir a limpiarle la casa, dejarle comida hecha y llevarme su ropa a casa para lavársela. En una ocasión en que subía a la terraza de atrás y llevaba su bolsa de ropa limpia como si fuera Santa Claus, al treparme por encima del barandal, oí la voz de un hombre diciendo:

—¿Jenni? ¿Jenni Rivera?

Era el señor de la basura, que me reconoció a pesar de que yo andaba con ropa deportiva, una gorra de beisbol y sin maquillaje.

—Sí —le dije mientras lo saludaba y sonreía torpemente—. Soy yo.

Esa noche me llamó Fernando.

—*Babe*, ¡gracias! Pero, ¿qué le hiciste a mi *bong*?

—¿Tu qué?

—El cristal que estaba en el mostrador.

—Oh, ¡el florero! —Nunca había visto un florero más cochino. Por cierto, me tardé una eternidad para sacarle toda la mugre.

Le encantaba que yo fuera la "gánster" del barrio de Long Beach, pero que también tuviera mi lado inocente e ingenuo que necesitaba de una lección sobre la diferencia entre una pipa de fumar y un jarrón de flores. Le dio a nuestra relación cierta chispa.

Cuando mi carrera comenzó a despegar en el otoño de 2005, yo estaba viajando mucho más y cantando cada fin de semana. No podía soportar estar lejos de él, y mis hijos también estaban locos por él. Le pedimos que se viniera a vivir a la casa con nosotros y que se fuera conmigo en mis viajes. Fue entonces cuando comenzó la verdadera locura.

Fernando y yo somos muy parecidos. Los dos somos muy apasionados, tenaces, amorosos, orgullosos... y tercos. A lo largo de nuestra relación, nos amamos y nos peleamos con la misma intensidad. Cuando las cosas estaban bien, eran muy buenas. No había mejor pareja. Pero cuando las cosas iban mal, se ponían muy feas. Estaba tan herida y cansada por lo de Trino y Juan, que me aferré a la idea de que con esta relación no me iba a dejar. Estaba un poco endurecida y quería mantener la ventaja todo el tiempo. Pero Fernando no era un mandilón. Si le gritaba y lo insultaba, me decía:

—No me hables así. Voy a dormir debajo de un puente si tengo que hacerlo, pero no me hables de esa manera.

Nuestras peleas comenzaban con algo pequeño y tonto, pero pronto se convertían en pleitos grandes. Nunca nos golpeamos uno al otro, pero nos gustaba tumbar puertas a patadas y romper muebles. Nos echaban de los hoteles por gritar en los pasillos y por destruir las habitaciones. Cualquier persona que estuviera cerca rápidamente encontraba una excusa para salir huyendo de tanto pinche drama. De repente los presentes tenían que ir al 7-Eleven o al bar del hotel.

En cada pleito, ninguno de los dos cedía o pedía disculpas. Él empacaba su maleta y se iba por dos o tres semanas. Yo siempre era la que terminaba por llamarlo con cualquier cosa.

—Dejaste tu camiseta blanca aquí —le decía—. ¿Vas a venir por ella? O, si tienes hambre, voy a cocinar esta noche.

Esa era mi manera de disculparme, y él lo sabía. Él también terminaba diciendo que lo sentía y luego regresaba como si nada hubiera pasado.

Durante nuestras breves separaciones, inevitablemente conocíamos otras personas, dábamos nuestros números, o salíamos con ellos. Pero cuando volvíamos a juntarnos y una de esas relaciones pasajeras se hacía presente a través del teléfono, empezábamos otra vez con nuestra guerra mundial y otra vez nos dejábamos de hablar. Así comenzó nuestro ciclo interminable de «ir y venir».

Nunca dejé de amarlo a pesar de todo. Cuando no nos hablábamos, lloraba en el escenario y nadie sabía por qué, pero era casi siempre por Fernando. Yo a menudo le dedicaba canciones a mi pinche pelón, y nadie sabía quién era. Esta fue la única relación que yo quise que de verdad funcionara, y pensé que si la protegía de los medios podría sobrevivir, así que nunca hablé de él con los medios.

Por supuesto, hablé de todo lo demás...

15

Dos años más

Te prometo no dejar ninguna huella
ninguna evidencia de que yo estuve ahí.
—De «De contrabando»

Mi frase favorita para decirle a mi familia y a Fernando
siempre fue: «dos años más».

—Sólo voy a hacer esto por dos años más y después me quedaré
en casa y seré una persona normal —les decía.

Pero supongo que el ser «normal» no estaba en mi destino.

Entre 2003 y 2004, grabé unas ocho canciones en inglés, porque
quería sacar un álbum en mi segundo idioma. Mi padre me dijo:

—A poco quieres que los latinos digan: «Oh, mira, como ya es famosa ya no nos necesita». Pensé que tenía razón y dejé ese proyecto
a un lado. Me puse a trabajar en mi siguiente álbum, *Parrandera,
Rebelde y Atrevida*. Cuando salió en octubre de 2005, inmediatamente
llegó al Top 20 en la lista de Billboard Top Latin Albums. En sólo semanas pasó de ser un disco de oro a platino. Me dieron un contrato para
cantar en el Teatro Kodak de Hollywood. Ninguna otra artista femenina mexicana había cantado ahí. Pensé: «Bueno, voy a cantar en el

Kodak y luego en el Gibson y despúes acabaré con esto. No necesitaré demostrarle nada a nadie después de eso. Sólo dame dos años más...».

Hice una entrevista con «El Piolín» en La Nueva, una estación de radio en Los Ángeles. Hablamos de mi disco y mi próximo concierto. Y después de hablar de algunas de mis nuevas canciones y letras, El Piolín me preguntó que si pudiera elegir, con quién me gustaría grabar una canción: ¿con Graciela Beltrán o Mariana Seoane? Siempre he sido una mujer que dice lo que piensa. Si un periodista me hace una pregunta, respondo con honestidad. Estoy segura de que mi publicista me habría sugerido que contestara: «Me gustan las dos, no puedo elegir». Pero estábamos al aire, y yo hablé con el corazón y respondí:

—De las dos, escogería a Graciela Beltrán.

—¿Por qué?

—Porque para mí, ella tiene más talento.

—¿Y Mariana qué tiene? —preguntó El Piolín.

—No lo sé. Creo que tiene palancas, o sea, personas que le ayudan a sacar su carrera adelante.

Ese comentario comenzó un escándalo enorme con los medios. Obviamente, Mariana se enteró. Unos días después, mi hermano Lupillo fue entrevistado por El Piolín, y me llamaron de la estación; me dijeron que me iban a poner al aire para comentar durante la entrevista de Lupillo. Pero en realidad me tenían una sorpresa: Mariana Seoane me estaba esperando al aire, bien encabronada conmigo. Le dije:

—Mira, nunca dije que no tenías talento. Creo que, obviamente, tienes carisma para estar en este negocio, pero también hay personas que te han apoyado y ayudado con tu lanzamiento. Eso no quiere decir que sea algo malo. A mí me hubiera gustado tener ese apoyo.

Mis palabras no sirvieron de nada porque siguió ofendida. Fuera del aire hicimos planes para vernos y hablar. Pensé que lo podríamos dejar en el pasado después de eso, pero me equivoqué.

Poco después, fui invitada a cantar el himno nacional en «Viva los Dodgers Night». Desde siempre he sido una gran fanática del beisbol, y cantar esa noche fue un gran honor para mí. Llamaron del programa *El Gordo y la Flaca* y me preguntaron si podía presentarme con ellos en vivo el próximo lunes para hablar de mi interpretación del himno nacional. Les dije que por supuesto, pero no podía ir hasta Miami para hacer la entrevista en persona, así que tenía que hacerla en Los Ángeles por satélite. Ese lunes yo estaba en camino a mi entrevista cuando recibí una llamada diciéndome que Mariana Seoane iba a estar en Miami para ser parte del programa también. Me sorprendió, pero no me iba a acobardar y cancelar la entrevista. Lili y un montón de invitados formaron parte del programa ese día ya que El Gordo de Molina estaba de vacaciones.

En la estación local de Univision me pusieron frente a la cámara, yo podía escuchar, pero no ver, el programa. Una vez más, me preguntaron acerca del comentario sobre Mariana que yo había hecho en la entrevista con El Piolín. Volví a defender lo que había dicho, pero esta vez Mariana salió con que *yo* también tenía palancas porque tenía a mi hermano Lupillo. Le respondí que yo era la que estaba ahí en la entrevista, no mi hermano. Le dije que yo grababa mi propia música, yo misma controlaba mi propia imagen y yo daba mis propias entrevistas. Nadie había tocado mi música solo porque yo era la hermana de Lupillo Rivera. Lo que no podía ver, porque no había una pinche televisión en el cuarto, fue que mientras yo hablaba, Mariana se estaba burlando de mí en frente de todo el mundo. Sólo tenía una video cámara frente a mí. Pero el daño ya estaba hecho porque mis fans vieron lo que ella hizo. Me quedé con la palabra en la boca porque de repente, mi imagen en el monitor desapareció y sólo quedaron rayas blancas. Me dijeron que habíamos perdido la conexión por satélite.

Mis fans se volvieron locos. Todos pensaban que lo habían hecho a propósito, y yo también. Chiquis fue la que más se encabronó.

—¿Por qué te hicieron eso, mamá? —me decía.

Donde quiera que fuera, los periodistas querían oír mi reacción por haber sido «cortada del aire» en *El Gordo y la Flaca*. Obviamente, yo no iba a dejar que todo ahí muriera sin tener la última palabra.

Un mes después, me fui a Miami para promover en *El Gordo y la Flaca* mi disco grabado en vivo. Esta vez El Gordo de Molina estaba allí. Me pidieron mil disculpas por lo que había sucedido con el satélite en aquella ocasión. Les dije que me gustaría dedicarle una canción a quien había tenido la culpa de que me cortaran del aire. Y esto fue lo que canté:

> *Este verso es pa' tu abuela,*
> *y los que llevan tu sangre.*
> *Agarrados de la mano,*
> *chinguen todos a su madre.*

Entonces me levanté, me quité el micrófono, lo puse sobre la mesa y me salí del set.

—¿De verdad hiciste eso? ¿Acabo de ver lo que pienso que vi? —Apenas podía oír una palabra de lo que Jazmin, la representante de mi disquera, me decía. Yo acababa de maldecir a El Gordo y la Flaca, en vivo. Nadie había hecho eso antes. Nunca.

—Ah, bueno, estoy segura de que nunca me van a volver a invitar —le contesté.

¿Había ido demasiado lejos? ¿Se lo merecían? ¿Fue un gran error en mi carrera? La verdad es que no me importó. A ninguna mujer del West Side Long Beach que se respetara a sí misma le importaría nada de eso. Ninguna mujer de West Side Long Beach se preocuparía por haber hecho lo que era justo, lo que era sabio y lo que era responsable cuando se trata de defender su honra.

Por este suceso empezaron a llamarme «la infame Jenni Rivera».

La prensa no dejó de hablar de eso. Algunas personas querían que me disculpara por lo que había hecho y dicho, pero de ninguna manera lo iba a hacer. No sentía ningún remordimiento por mis acciones, así que no iba a ser una farsante o una hipócrita. Mis fans, en lugar de abandonarme, me apoyaron aún más.

La noche de mi concierto en el Teatro Kodak, el 14 de octubre de 2005, me enteré de que los boletos estaban agotados. Cuando llegué al teatro en Hollywood Boulevard, me cayeron todos mis fans. Mientras miraba las filas y filas de gente que llevaban camisetas que decían «Jenni Rivera», sentí ahogarme de tanta emoción.

—¿Pueden creerlo? —les dije—. ¡La *nerd* de Long Beach llenó todo el pinche teatro Kodak!

No sólo se habían agotado los boletos para mi concierto, sino que además esa noche el teatro tuvo las ventas más altas de alcohol de su historia. Para mí eso fue un gran logro. La venta de boletos es importante, por supuesto, pero para los promotores las ventas de alcohol son igual de importantes, si no más. De ahí es de donde ellos sacan la mayor parte de las ganancias. Los artistas que tienen las ventas más altas de alcohol son los que reciben más invitaciones para presentaciones. Y en ese sentido, mis fans nunca me decepcionaron.

Hasta hoy sigo pensando que mi concierto en el Kodak fue el más memorable. Fue la primera vez que canté en un teatro tan grande y prestigioso. Poco después, me dieron un contrato para cantar en el Gibson, donde por mucho tiempo había soñado poder cantar.

—Está bien —me decía—. Voy a ir al Gibson y luego al Staples Center y luego me retiraré. ¡Dos años más!

Pero «lo imposible» sucedió. En la primavera de 2006 tuve mi primer concierto importante en México, en un palenque en Guadalajara. «De contrabando», una de las canciones de mi nuevo álbum, había pegado a lo grande en México, y de repente ya era conocida por todo el país. Mucha gente me había dicho que una cantante que no había nacido en suelo mexicano no podía entrar en ese mercado. La gente en la industria me decía que era imposible, así que puedes imaginar lo emocionada que estaba por haberles comprobado una vez más ¡que se habían equivocado conmigo! Aunque tengo que admitir que mi visita a México me puso nerviosa porque el país estaba atravesando por unos tiempos muy inciertos. Artistas que cantaban música regional como yo estaban siendo afectados por la violencia: varios cantantes ya habían sido secuestrados o asesinados.

Le pregunté a mi hermano Juan si tenía amigos que pudieran protegernos. Juan es bueno para hacer amistades con gente con la que uno puede contar. Cuando llegamos al aeropuerto en México, sus amigos nos dieron la bienvenida y nos llevaron al palenque en una caravana de carros oficiales blindados.

Mi banda y yo nos colocamos en el pequeño círculo en el centro del palenque, rodeados por miles de fans. Los más cercanos estaban a menos de diez pies de mí, y me dieron copitas de tequila toda la noche mientras me acompañaban con mis canciones. La energía era tan intensa, que para cuando terminé ese concierto, me había puesto bien peda con el alcohol y la energía.

Afuera, la caravana de carros blindados nos estaba esperando. Mientras nos alejábamos del lugar, abrimos el techo del carro. Le pedí a uno de los funcionarios del gobierno que me dejara ver su pistola. Me sorprendí de que ni siquiera lo pensara dos veces, me la entregó, me puse de pie y disparé la pistola al aire. Entre disparos oí al funcionario del gobierno decirle a mi hermano:

—¿Qué chingados está haciendo? Me pueden arrestar.

Juan hizo la pregunta obvia:

—¿Y por qué chingados le diste la pistola?

La noche siguiente tenía planeado cantar en otro palenque en Uruapan, a 160 km al sureste de Guadalajara. Esa mañana escuchamos rumores de que algo me iba a pasar.

—Vamos a cancelar el concierto —dijo Juan.

—No puedo hacer eso —le contesté.

—¿Vale la pena?

—No es por el dinero, hermano. La gente viene a verme, no la puedo decepcionar. ¿Quieres venir conmigo?

—Chingue su madre, no tengo de otra.

Fuimos en carro desde Guadalajara a Uruapan rodeados de patrullas. Yo estaba sentada en medio de Juan y Héctor, el novio de Chiquis, que era uno de mis guardaespaldas. Cuando nos acercamos al lugar lleno de gente, Juan dijo:

—Héctor, si hay tiros, nos dejamos caer sobre mi hermana. ¿Está claro?

—Órale —contestó.

Llegamos a las puertas y todo lo que vi fue ametralladoras en todas partes. Juan me abrazó.

—No sé si algo vaya a pasar esta noche, pero si nos toca, pues que nos toque juntos, ¿*okay*?

—*Okay* pues, hermano. ¡Nomás no te vayas a echar a correr!

Nada pasó esa noche en el palenque, pero todavía teníamos miedo cuando llegamos al hotel. Héctor y Juan dijeron que iban a dormir fuera de mi puerta. Me fui a la cama y ellos decidieron emborracharse porque así, si algo les sucedía, no lo sentirían. Me desperté a la mañana siguiente y vi a los güeyes echados en el pinche piso bien pedos.

—Ay cabrón, qué bonito. Tengo a dos pinches borrachos como guardaespaldas.

—¿Pasó algo? —preguntó Juan.

—No.

—Entonces no estés chingando —dijo, sufriendo ya por la cruda.

16

Alzar la voz

Levanto mis manos
aunque no tengo fuerzas.

—De «Levanto mis manos»

En enero de 2006 Rosie vio a Trino por primera vez en nueve años. Estaba sentada en el restaurante Norms en la ciudad de Lakewood con Gladyz cuando lo vio en otra mesa. Se quedó helada. No podía hablar, y Gladyz le preguntó qué le pasaba. Entonces Trino la miró y sus ojos se cruzaron con los de Rosie. Se quedó helado también. Pero entonces, en ese momento se levantó y salió volando, pasando junto a la mesa de Rosie al salir. Rosie no pudo respirar hasta que vio que en verdad Trino se había ido.

Para entonces, Gladyz gritaba como loca:

—¿Vas a decirme qué chingados está pasando?

—Era Trino —finalmente logró decir Rosie—. Vete a anotar sus placas.

Gladyz corrió al estacionamiento, y Rosie me llamó de su celular. Las primeras palabras que salieron de su boca fueron:

—Hermana, lo siento, soy tan burra. Te fallé.

161

—¿De qué estás hablando? —le pregunté—. ¿Qué pasó?

—Acabo de ver a Trino y no hice nada.

—¿Dónde estás?

—En Norms, cerca de la casa de mi mami.

—¿Estaba con alguien?

—Sí, con una mujer.

—¿Dora?

—No. Alguien más.

—¡Ese hijo de la chingada! Estoy segura de que la está engañando. ¿Se ve igual?

—Parecía que se había hecho cirugía plástica en la cara. Pero era él, conozco sus ojos.

Gladyz volvió y le dijo a Rosie que no pudo leer las placas. Trino había salido de allí como un pinche cuete.

Rosie se puso a llorar.

—Yo no hice nada. Todos estos años había planeado lo que iba a hacer, y no hice nada.

—Escúchame —le dije—. Hiciste exactamente lo correcto. Es bueno que lo hayas visto. Y que te quede bien claro esto: no me fallaste. Vamos a encontrar a ese hijo de la chingada. ¿Estás lista para hablar de lo que pasó?

Hablar sobre el abuso sexual era tabú en ese entonces, especialmente en la comunidad latina. La verdad es que todavía lo es. Las víctimas tenían que quedarse calladas por miedo a la reacción de los demás al enterarse. Hasta entonces yo nunca había dado a conocer lo que pasó con Trino y las acusaciones contra él, pero siempre estaba en mi mente. Sabía que algún día tendría una señal de que había llegado la hora de hablar. Ese día llegó en 2006, poco después de que Rosie vio a Trino en el restaurante. Chiquis llegó a casa de la escuela y me dijo:

—Mamá, estaba hablando con mis amigas y resulta que cuatro de cada cinco han sido víctimas de abuso sexual. Quiero ayudarlas, pero no sé cómo.

Le hice a Chiquis la misma pregunta que le hice a Rosie:

—¿Estás dispuesta a hablar de esto públicamente? Eso es lo que les ayudará, y no nada más a ellas, sino también a millones de niñas y mujeres.

Chiquis, Rosie y Jacqie estuvieron de acuerdo en que estaban listas para hablar. Me puse en contacto con Charytín, la conductora de un programa de farándula, *Escándalo TV*, y le pedí que hiciera un especial con nosotras. Yo confiaba en ella y sabía que iba a manejar la situación con respeto y sensibilidad.

Muchos me aconsejaron no hacer esa entrevista, dijeron que sería el fin de mi carrera. Yo les dije que no me importaba si lo perdía todo. Me las había visto duras antes y lo podía soportar otra vez. Para mí este tema era demasiado importante como para no hablar públicamente de él. Alguien tenía que alzar la voz y decirle a las niñas y mujeres en esa situación que no están solas y que también tienen el poder de alzar sus voces y luchar. Le dije a Rosie, Chiquis y a Jacqie que ellas podrían poner el ejemplo. Dios nos dio una plataforma para que pudiéramos ayudar a los demás. Era la única manera en que yo podría comprender lo que le había pasado a mi hermana y mis hijas.

A finales de marzo de 2006, Rosie, Chiquis, Jacqie y yo nos sentamos con Charytín en nuestra casa en Corona para hablar abiertamente sobre los abusos sexuales que habían sufrido. Esta fue la primera vez que Rosie y mis hijas fueron entrevistadas en televisión, ¡y fue sobre un tema tan difícil! Me di cuenta de que todas estaban nerviosas, y yo aún más. Pero no lo podía demostrar, tenía que ser valiente para que ellas lo pudieran ser también.

Cuando terminó el programa, la noticia corrió como pólvora. Lo mismo pasó con las críticas. La gente decía que yo sólo lo hacía por publicidad y atención. Me dijeron que les estaba haciendo daño a mi hermana y a mis hijas. Nos dijeron que estábamos mintiendo. Me valió madre. Yo sentía que estábamos haciendo lo correcto.

En abril, K-Love, una red de radio nacional, nos pidió que continuáramos con nuestra lucha. Hicimos una entrevista larga y las llamadas de los fans empezaron a llegar para darnos consejos o decirnos dónde habían visto a Trino. Entonces una señora llamó y pidió permanecer anónima y que su voz no saliera al aire. Podíamos escuchar el terror en su voz. Nos hizo prometer que nunca revelaríamos su nombre y que su marido y sus niños nunca se enterarían de que ella había hablado con nosotros. Le prometí mantener el secreto.

—Es mi vecino —dijo—. Lo conozco —Nos dio su dirección y un poco más de información que me convenció de que ella estaba diciendo la verdad. Fue nuestra primera aliada.

Nuestro segundo aliado llamó pocos minutos después, un agente del FBI que también pidió que no lo pusiéramos al aire.

—Yo no debería estar haciendo esto —dijo—, pero su historia me afectó tan profundamente que quiero ayudarlas.

Con la dirección de Trino y el agente del FBI a nuestro lado, pronto tendríamos al cabrón acorralado.

El 22 de abril de 2006, el agente del FBI llamó a Rosie y le dijo:

—Tú lo has visto. ¿Lo puedes identificar?

Yo andaba fuera, rumbo a mi próximo concierto, cuando Rosie me llamó.

—¿Ves? —le dije—, todo salió bien. Dios te ha dado esto.

—Lo vamos a agarrar —me dijo. En ese momento, ella iba en la parte de atrás de la camioneta del FBI con mi madre, rumbo a la casa de Trino.

—¿Tienes miedo?

—Sí.

—No tengas miedo. Es él el hijo de la chingada que debe tener miedo. Pobre, ni siquiera sabe lo que le espera.

Como no pude estar ahí ese día, Rosie me contó después lo que pasó. Trino estaba afuera regando su jardín cuando llegaron. Los agentes se acercaron a él y lo arrestaron. Dora, su esposa, se volvió loca.

—¡Por favor, no se lo lleven! —gritaba—. Es inocente.

Entonces Diana, su hija de ocho años de edad, salió llorando afuera de la casa.

—¡No se lleven a mi papá! ¡Por favor, no se lleven a mi papá!

Esa parte le rompió el corazón a Rosie. Los policías se lo llevaron esposado a la patrulla que estaba a sólo diez o quince pies de distancia de la camioneta donde estaban Rosie y mi madre. Ellas lo podían ver por las ventanas pero él no. Me contaron que se veía tan pequeño y tan impotente que hasta a Rosie le dio lástima. Ahora era él el que estaba encadenado, y mi Rosie estaba libre.

Manejaron por dos o tres cuadras en silencio, y luego Rosie y mi madre empezaron a gritar y a llorar lágrimas de alegría.

—¡Gloria a Dios! ¡Gloria a Dios! —repetía el agente del FBI.

Rosie me llamó después y pronunció las tres palabras que había estado esperando escuchar durante nueve años:

—Ya lo tenemos.

—*¡Fuck yeah!* —grité.

—Pero la pobrecita de Diana, perdió a su padre.

—Hermana, no se te olvide que mis hijos perdieron a su padre también. ¿Y qué tal si le estaba haciendo daño a Diana también? Tú probablemente le estás salvando la vida.

Más tarde nos enteramos de que el FBI había estado grabando y entrevistando a todos los vecinos de Trino. Uno de los vecinos dijo:

—Yo no hablo con él. Y no permito que mi hija juegue con su hija.

El agente del FBI le dio a Rosie las esposas que había usado para arrestar a Trino.

Unas semanas más tarde Rosie se preparaba para cantar su primer solo en la iglesia cuando me preguntó:

—¿Vas a estar allí?

No me lo habría perdido por nada. Cantó una canción de la victoria mientras las lágrimas se deslizaban por sus mejillas. Yo también estaba llorando y cuando bajó del escenario me entregó las esposas. Entonces abracé a mi muñeca con mucha fuerza. Estaba muy agradecida de que Dios le diera tanta paz y la ayudara a encontrar su voz y su camino de regreso a la luz.

—Hermana, tú sabes cantar. ¡Eres buena en el escenario! —le dije mientras estábamos en el estacionamiento.

—Era un altar —me recordó.

—Me vale. Para mí era un escenario. Y qué bien te veías en él.

—Lo aprendí de ti.

—¿Puedo quedarme con éstas? —le pregunté, levantando las esposas—, las quiero usar para la portada de mi libro.

—Claro, son tuyas. Arriesgaste tu carrera por nosotras y luchaste muy duro para darnos justicia. Así que son tuyas.

17

Mírame

Mírame, no soy la misma de antes
esta sonrisa es por alguien que quiero a morir.
— De «Mírame»

El día que agarramos a Trino, el 22 de abril de 2006, para mí fue uno lleno de emociones encontradas. Fue el día que me brindó el alivio y la victoria porque por fin habría justicia. Pero también fue un día muy difícil porque, después de todo, él era el padre de mis hijos. A pesar de lo que hizo, Chiquis y Jacqie decían:

—No queremos que a papá lo lastimen.

Tres días después del arresto nos presentamos en los tribunales y lo vi por primera vez después de nueve años. Nunca volteó a verme, pero yo no le quité los ojos de encima. Llevaba puesto un traje de prisión y el cabello corto. Se notaba que se había hecho cambios en la cara, pero no sabía exactamente qué se había hecho. No mostró ni un poquito de remordimiento. Yo estaba enojada y triste. No podía dejar de sentirme culpable por lo que había pasado. Ese día, como Trino había llegado sin un abogado, tuvimos que regresar el 2 de mayo. Le impusieron una fianza de un millón de dólares porque pensaban que podía pelarse.

Después de la primera fecha para presentarnos en el juzgado, Chiquis, que ya tenía casi veintiún años, me dijo:

—No podemos seguir con esto. Si él dice que se arrepiente, ¿nos podemos olvidar de lo que pasó?

—Mija, no podemos dejarlo ir así como así —le respondí—. Tiene que haber justicia para ti, para tu hermana, tu tía Rosie y todas las muchachas por ahí que han sido víctimas de este tipo de abuso. Y quiero que un día puedas tener a tu padre en tu vida. Esta es la única manera en que eso puede suceder.

Además, la familia de Trino siempre dijo que Chiquis era una mentirosa y yo no quería que la siguieran llamando así por el resto de su vida. Sabía que llevarlo a los tribunales de justicia era lo mejor que podíamos hacer.

Hice todo lo posible para mantenerme fuerte por mis hijas, aunque por dentro estaba hecha un desastre. Le dije a Rosie:

—No puedo con todo esto. Necesito que tú hables con los abogados, los detectives y la policía. ¿Puedes hacer eso?

Estuvo de acuerdo.

Un año antes había ido a una promoción de una empresa de diamantes, que tenía el lema de «Mujeres del mundo, levanten la mano derecha». La idea era que no tienes que esperar a que un hombre te compre un diamante, puedes comprártelo sola y llevarlo en la mano derecha. Así que me compré un diamante grande y precioso como símbolo de que yo era independiente y de que me quería a mí misma.

Cuando el juicio de Trino estaba a punto de comenzar, me quité el anillo, se lo di a Rosie, y le dije:

—Hermana, te doy este anillo para darte fuerza y apoyo. Finalmente vamos a tener justicia y paz —Lo llamamos el «Anillo de la Victoria» y Rosie lo usó durante todo el juicio.

El juicio duró casi catorce meses y la sala del tribunal siempre estuvo llena. Toda la familia de Trino estaba en un lado y toda mi familia estaba en el otro. Pedí que no hubiera cámaras en la sala, pero no pude hacer que le prohibieran la entrada a los periodistas ya que los tribunales son lugares públicos.

A medida que mi popularidad creció, la prensa se interesó más y más en mi vida personal, y por eso ahora de lo único que se hablaba por todos lados era del juicio. Univision y Telemundo, las dos televisoras más grandes en español en los Estados Unidos, estuvieron allí todo el tiempo para no perderse ni un detalle. Como si no tuviera suficiente con lo de Trino, también tuve que ir a otro juzgado con mi otro ex, Juan, quien estaba exigiendo aún más dinero de mi parte. Nuestro divorcio todavía no se había finalizado. Finalmente, el 9 de junio de 2006, exactamente nueve años después de que me casé con Juan, el juez le puso fin de una vez por todas al matrimonio; decidió que yo iba a contribuir con sólo 20,000 dólares para que Juan le pagara a su abogado, en lugar de los 100,000 dólares que él había pedido. El juez también decidió que la pensión alimenticia que yo le había dado a Juan durante tres años había llegado a su fin. A Juan ya no le tocaría ni un centavo más de mi dinero. El juez decidió que Juan me debía dinero a mí porque yo le había dado una pensión demasiado alta durante esos tres años. Juan podría intentar pelearme la casa en Corona, pero hacerlo sería costoso y tomaría mucho tiempo. En vez de eso, él y yo llegamos a un acuerdo fuera de los tribunales y, finalmente, la batalla legal terminó.

Una vez que acabaron los pleitos, Juan y yo hasta llegamos a ser amigos. Los dos habíamos tenido dos niños y algunos hermosos recuerdos de nuestra relación de ocho años. Decidí pensar en eso y en nada más. Él no era como Trino, era un buen padre para Jenicka y Johnny, y yo siempre lo quise por eso. Se fue a vivir a un departamento a menos de cinco minutos de mi casa en Corona y seguido visitaba a nuestros hijos.

El 3 de junio de 2006, mi canción «De contrabando» alcanzó el número uno en la lista de Regional Mexican Airplay de *Billboard*. Casi cada fin de semana tenía conciertos en México. También firmé un contrato para mi primer concierto en el Gibson Amphitheatre para el 5 de agosto. Estaba emocionada y agradecida con Dios de tener algo con qué distraerme para dejar de pensar en Trino y en las ganas que tenía de estrangular al güey con mis propias manos.

Le dije a Gabo, mi promotor artístico, que mis conciertos tenían que ser planeados de acuerdo con las fechas del juicio, ya que yo me quería perder ni un solo día. Mis hermanos cancelaron también sus planes para que todos pudiéramos estar allí y apoyar a nuestra hermana y a mis hijas.

Tuvimos que ir a corte una vez al mes, y cada vez que íbamos la sala estaba llena. Toda la familia de Trino estaba allí llorando y gritando que él era inocente, a pesar de que todas las pruebas y testimonios indicaban que él era culpable de esas cochinadas tan asquerosas y horribles. Yo entiendo por qué no querían aceptarlo, la verdad era muy repugnante. Pero la verdad es la verdad, por más difícil que sea.

El día que Rosie y Chiquis dieron sus testimonios, el corazón se me rompió otra vez. No podía ni imaginar por lo que pasaron ellas. Antes de que Rosie subiera al estrado, estaba muy nerviosa y tenía vergüenza.

—¿Cómo voy a contar lo que pasó, delante de mi padre? —me preguntó—. ¿Delante de mis hermanos? ¡Y con Trino sentado allí!

—Sólo mírame a mí, Rosie. Hagas lo que hagas, no lo mires a él. Mírame a mí —le dijo Lupillo.

—No puedo —respondió—. Es tan vergonzoso. Te va a doler demasiado.

—Puedo aguantarlo, Rosie. Voy a estar bien. Sólo mírame a mí —repitió Lupillo.

Rosie hizo lo que Lupillo le dijo. Ella lo miraba sólo a él mientras narraba los detalles del abuso. Las lágrimas chorreaban por su cara. Chiquis esperaba afuera, ya que no se le permitió estar en la sala del tribunal cuando Rosie diera su testimonio. Nos fuimos a un receso y Chiquis me confesó que no estaba segura de poder hacerlo. Me senté con ella en una banca en el pasillo:

—Tú puedes hacer esto, princesa. Puedes hacer esto por todas esas niñas que han sufrido, por todas las mujeres que tienen miedo de hablar. Puedes alzar la voz por ellas. Yo estoy aquí contigo para apoyarte.

Su testimonio era demasiado importante para el caso. Sin él, Trino podría salir libre y le recordé que no podía dejar que eso pasara. Cuando el receso terminó, con mucha valentía ella subió al estrado y habló acerca de lo que su padre le había hecho desde que tenía ocho años. Tenía que parar de vez en cuando para recuperar el aliento, pero tuvo la fuerza para terminar su testimonio. Gran parte de lo que dijo era igual al testimonio de Rosie. La forma en que comenzó, cómo se intensificó, las amenazas que él hizo, dónde y cuándo lo hizo.

Cada que Chiquis contaba un incidente, yo me preguntaba: «¿Dónde estaba yo? ¿Por qué no pude detenerlo? ¿Por qué no pude protegerlas?». Sentí ahogarme en esa culpa insoportable, pero tenía que mantener mi cabeza en alto. Tuve que mostrarle a Rosie y a Chiquis que yo era una fuente de fortaleza en la que ellas se podían apoyar.

Además de sus testimonios, estaban los expedientes médicos, que no podían negarse. Sin embargo, la familia de Trino no lo quería reconocer; en los elevadores y pasillos, nos decían:

—Son una bola mentirosos.

Yo quería partirles la madre, pero estábamos en el juzgado y sabía que podría ser arrestada y que ya no me permitirían asistir al juicio con mis hijas y mi hermana. Así que no me dejé llevar por la rabia. Lo que no quiere decir que me haya dejado por completo. En una ocasión en que los familiares de Trino iban con nosotros en el elevador, les dije:

—¿Qué me ven? Dense la vuelta y mejor vean la pinche pared.

Cuando me llamaban puta, les respondía:

—Al menos no soy una puta fea, como ustedes.

En la mañana del 5 de agosto de 2006 me estaba preparando para mi concierto en el Gibson, el mismo lugar donde había visto cantar a muchos de mis ídolos. El mismo escenario donde Vicente Fernández me hizo subir a cantar en 2001 y le dijo al público que yo tenía talento.

Mientras me preparaba, mis representantes me llamaron y me dijeron que los boletos se habían agotado y que yo era la primera artista femenina de banda que llenaría así el Gibson. Me puse a llorar. Cuando subí al escenario esa noche inolvidable de verano, las lágrimas continuaron. Lloré lágrimas de alegría por todas las bendiciones que tenía. Lloré lágrimas de dolor por toda mi tristeza. Lloré lágrimas de gratitud por los miles de fans que cantaron conmigo esa noche, animándome, gritando que me querían. En medio de la pesadilla que estaba viviendo, ese fue un sueño hecho realidad.

En octubre de 2006 Trino pagó la fianza de un millón de dólares. No tengo idea de dónde sacó el dinero el idiota, pero yo estaba segura de que iba a huir. No lo hizo, se presentó a la próxima cita en la corte con traje y corbata. Ahora que ya no estaba vestido como prisionero, Trino se veía muy confiado y arrogante. Cuando salimos de la sala del tribunal durante un receso, miró a mi hermano Lupe y le sonrió. Mi hijo Michael, quien quiere a sus tíos como se le quiere a un padre, se lanzó sobre Trino. Le dio un puñetazo en la cara y en un abrir y cerrar de ojos, un pleitazo se soltó en la sala del tribunal. Por lo menos cuarenta miembros de las dos familias, Rivera y Marín, se dieron golpes, se jalaron las greñas, se dieron cabezazos. Todos los policías en el juzgado corrieron para ponerle un alto al pleito, y aunque podrían habernos arrestado a todos, nos dejaron ir con sólo una advertencia.

Gracias a Dios que mi hermano Juan llegó tarde ese día, veinte minutos después de la pelea. Si hubiera estado allí, sé que se habría vuelto loco y le habría dado una buena chinga a la familia de Trino. Sin duda a él sí lo habrían echado al bote. Cuando Juan llegó, los funcionarios de la corte dijeron que no podía sentarse en la sala ese día.

—No podemos dejar que un hombre de su tamaño entre aquí después de lo que pasó hoy —le dijeron.

Después de esa pelea, aumentaron la seguridad y cada familia era acompañada por separado. No podíamos ir juntos en el elevador ni entrar y salir del juzgado al mismo tiempo.

El juicio concluyó finalmente en mayo de 2007. El abogado de Trino se paró frente al jurado y les dijo que yo había obligado a Rosie y a Chiquis a que dijeran esas mentiras para beneficiar mi carrera. Dijo que en 1997 —cuando presentamos la denuncia contra Trino por primera vez— yo estaba empezando en la industria de la música, y que con el caso criminal contra mi ex marido yo esperaba darle un empujón a mi carrera.

—Jenni Rivera se estaba ganando la vida vendiendo cassettes en la avenida Atlantic cuando empezó todo esto. Y ahora miren donde está, es toda una cantante exitosa —dijo.

Quería agarrarlo por la pinche cabeza y estrellársela contra la pared. Pero me quedé sentada, tratando de mantener la calma y recordándome que él tenía que decir estas chingaderas porque no tenía nada más para salvar a Trino.

—¿Qué puede ser peor que ser un abusador de niños? —le preguntó al jurado—. Tal vez ser *acusado* de ser abusador de niños.

El fiscal de distrito que representó a mi familia expuso sus alegatos finales de los hechos y no se inventó cuentos como lo hizo el otro.

—Este es un ejemplo clásico de un caso de abuso sexual. El acusado se aprovechó de la cercanía que tenía con Rosie y Chiquis ya que él era un miembro de la familia y se aprovechó de la falta de experiencia sexual y de la vergüenza de las dos niñas. Se le hizo fácil abusar de ellas y, como eran muy chiquitas y las pudo amenazar con facilidad, a ellas les tomó años hacerse del valor suficiente para hablar. Trinidad Marín es un depredador —el fiscal les aseguró a los miembros del jurado—, y merece el más alto castigo por sus actos de abuso sexual.

Después de que los miembros del jurado se fueron a comenzar la deliberación, otro pleito empezó entre mi familia y la de Trino. Con tantos guardias de seguridad y policías a nuestro alrededor, no llegamos a los madrazos, pero si lo hubiéramos hecho, me cae que se habría derramado sangre y una gran cantidad de huesos se habrían roto ese día.

El 9 de mayo de 2007 nos sentamos en el tribunal a esperar la decisión del jurado. Toda mi familia estaba muy nerviosa. ¿Qué haríamos si el hijo de la chingada salía libre? Yo tenía fe en que Dios no permitiría que eso pasara. Él no podía dejar que este monstruo saliera libre.

El presidente del jurado se acercó al micrófono. Mi familia y yo nos agarramos de la mano mientras se leían los cargos uno por uno.

—Por el cargo de abuso sexual de un niño, encontramos al acusado... culpable —Su familia comenzó a llorar. La mía respiró con alivio, esperando oír más—. Por el cargo de actos lascivos contra un niño menor de catorce años, encontramos al acusado... culpable —Más lágrimas. Más respiraciones profundas—. Por el cargo de asalto agravado contra un niño menor de catorce años, encontramos al acusado... culpable.

Nos apretamos de la mano y nos quedamos sentados en silencio mientras el presidente del jurado continuaba. El jurado declaró a Trino culpable de ocho de los nueve cargos en su contra. Vimos cuando los agentes lo esposaron y a su familia llorar sin consuelo. Me sentí muy mal por ellos. No era su culpa, eran víctimas también.

Mi familia se sentó allí, dando enormes suspiros de alivio, esperando que se cerrara el caso. Entonces el juez dijo:

—Vamos a acompañar a los Rivera primero.

Todos caminamos en silencio, todavía en estado de shock. Entramos al elevador y nadie habló. Las puertas se cerraron y nos miramos unos a otros. Fue el único momento en la historia de la familia Rivera en que nadie pudo hablar. Por nueve años habíamos soñado con ese día. Por nueve años habíamos estado persiguiendo a Trino. Nueve años más tarde la justicia finalmente triunfó. No había nada que decir. Entonces Rosie empezó a gritar y yo hice lo mismo. Pronto todos estábamos gritando y llorando. Los sonidos de alivio y de incredulidad retumbaron en las paredes del elevador. Entonces se abrieron las puertas y tuvimos que hacer frente a las cámaras de la prensa que esperaban afuera. Nos tomaron una foto a Rosie y a mí, y cuando la foto se publicó, me hizo llorar. Ella se veía tan feliz y tan libre por primera vez en mucho tiempo.

Tuvimos que esperar seis semanas para la sentencia. Durante ese tiempo no hablamos sobre el caso ni sobre Trino. Estábamos nerviosos porque todo estaba en manos del juez y del jurado, pero decidimos confiar en Dios y Su juicio divino.

El 20 de junio regresamos a los tribunales para ver qué sentencia recibiría Trino. Tanto a Rosie como a Chiquis se les dio la oportunidad de hablar con él. Rosie habló primero. No lo miró directamente porque tenía miedo de romperse en pedazos. Mejor se dirigió a toda la sala:

—Perdí mi inocencia cuando tenía ocho años de edad. De ese momento en adelante perdí mi confianza en los hombres, en mí misma y en todo el mundo. No puedo decir cuál sería la sentencia adecuada en este caso... No sé lo que vale la inocencia de una niña —hizo una breve pausa y luego continuó. Yo ya no podía mirar a mi sobrina a los ojos debido a la terrible culpa que sentía. Si yo hubiera dicho algo sobre el abuso cuando me pasó a mí, eso nunca le habría pasado a Chiquis.

—No es tu culpa —le dijo el juez—. Este crimen lo cometió él, no tú. Tú no eres responsable de lo que pasó.

—Gracias —le dijo al juez antes de volver a sentarse.

Cuando Chiquis habló, miró a su padre.

—No deberíamos estar aquí —le dijo a Trino—. Si sólo hubiera dicho que estaba arrepentido, no habríamos necesitado llevar el caso a la corte. Yo sólo quería que le diga a todos que no soy una mentirosa. —Trino se negó a mirarla, pero Chiquis continuó de todos modos—: Quiero que sepa que lo quiero. Y todo este tiempo yo sólo quería que me dijera que usted también me quería.

Pensé que Trino iba a mirarla. Pensé que iba a tener al menos una pizca de humanidad en su corazón para reconocer la valentía y el amor de su hija. En cambio, se dio la vuelta y torció los ojos. Casi me vuelvo loca de la rabia. Pero me contuve, sabía que tenía que dejar que la ley le diera el castigo.

Michael también habló. Tenía sólo cinco años cuando Trino se convirtió en un fugitivo de la ley. Ahora, casi diez años después, por fin tuvo la oportunidad de hablar con su padre.

—Mi verdadera razón de estar aquí es para decirle adiós —le dijo a Trino—. Nunca le pude decir eso antes. Y eso es todo.

El abogado de Trino se levantó para hacer una última petición de un nuevo juicio:

—Trinidad Marín es un hombre inocente. Yo soy el culpable de esta convicción y le pido disculpas al Sr. Marín y a su familia por decepcionarlos. Este caso es un fracaso de la justicia.

—Esto no se trata de lo que usted, señor abogado, hizo o no hizo—le respondió el juez—. Es un caso que se basó en evidencias. Considero que el abuso de menores es uno de los tres crímenes más horribles. Los otros son el asesinato y la tortura, y abusar de los hijos propios es una de las peores traiciones

Sentenciaron a Trino a un mínimo de treinta y un años de cadena perpetua sin posibilidad de libertad condicional. Lo sacaron de la sala de tribunales esposado mientras su familia lloraba de dolor, y la mía de alivio. Siempre he dicho que la condena de Trino, el 9 de mayo, fue mi regalo del día de las madres, y su sentencia, el 20 de junio, fue mi regalo del día del padre.

Unas semanas después de que Trino fuera a prisión, a mi hermano Juan lo contactaron unas personas en círculos clandestinos. Se ofrecieron a echarse a Trino en la cárcel. Costaría 15,000 dólares. Todo lo que yo tenía que hacer era decir sí, dar el dinero y él dejaría de existir. Pero no lo podía hacer, no podía tener eso en mi conciencia. Y no podía hacerles eso a mis hijos. Tenía la esperanza de que algún día mis tres hijos mayores pudieran tener una relación con su padre. Les dejé claro que cuando quisieran verlo, yo misma los llevaría. Trino dijo que sólo quería ver a Jacqie y a Michael, y se negó a ver a Chiquis. Todavía seguía diciendo que era una mentirosa.

Un hijo de la chingada siempre será un hijo de la chingada.

Decidimos que no podíamos dejar que continuara perjudicando a Chiquis. Así que hasta que él estuviera dispuesto a ver a todos, no vería a ninguno.

18

Te llevaré a casa

Cuando estás perdida y estás sola y no puedes regresar,
te encontraré, querida, y te llevaré a casa.
—De «By Your Side»

Al mismo tiempo que el juicio de Trino se llevaba a cabo,
yo estaba lidiando con otra situación de la cual nunca hablé con el
público. A medida que se desarrolló no confié en mi familia ni en mis
amigos, y no fue hasta mucho tiempo después que por fin les dije a
mis seres queridos lo que pasó entre Fernando y yo. En ese entonces
yo estaba manejando mi carrera, mis problemas familiares y el dolor
que el juicio de Trino me había provocado. Lo que pasó con Fernando me lo quedé callada.

Fernando y yo terminamos y regresamos miles de veces. No podíamos vivir juntos, pero tampoco separados. En el verano de 2006
terminamos y nos dejamos de hablar por casi seis meses. Yo ya no
podía lidiar con los pleitos y el ir y venir de nuestra relación. Además
de la terrible situación con Trino, todavía tenía que presentarme en
los tribunales con Juan para resolver nuestro divorcio. Y como si eso
no fuera todo, también estaba trabajando sin parar y criando a cinco

hijos como madre soltera. Amaba a Fernando con mucha pasión, pero pues una mujer sólo puede aguantar hasta cierto punto. Yo lloraba en la cama toda la noche pensando que había perdido al único amor verdadero que jamás había tenido. Nunca lloré por Trino ni por Juan de esa manera. Nunca sentí por ellos, ni por nadie más, ese hueco en el estómago y el terrible dolor en mi corazón. Fernando y yo no nos hablamos por seis meses, pero durante el juicio estaba tan afectada que necesitaba a mi mejor amigo y alma gemela para apoyarme. No podía aguantar más, así que lo llamé.

Regresamos otra vez, pero pronto me di cuenta de que él ya no era el hombre que había conocido antes. Empezó a actuar como un loco, me acusó de acostarme con cualquiera, me dijo que mis hermanos y yo estábamos tratando de matarlo. Algo le había pasado durante los seis meses que no lo vi. Pensé que tenía esquizofrenia o algo parecido. La gente que nos conocía me dijo que se estaba comportando como si se estuviera metiendo metanfetaminas o tal vez otro tipo de droga, por lo que empecé a investigar sus síntomas y me di cuenta de que tenían razón. La paranoia, la rápida pérdida de peso, los cambios de humor, la hiperactividad. Lo confronté y, en vez de negarlo, admitió todo. Me prometió que iba a dejar el cristal y que podía hacerlo por su cuenta, que no necesitaba ayuda de nadie. Pero no le creí.

Llamé a su madre y le dije lo que pasaba. No fue una llamada fácil de hacer. Pero ella y yo teníamos una buena relación. No quería preocuparla, pero tampoco quería ocultarle la verdad. Ella, obviamente, sabía que algo andaba mal con su hijo, pero no tenía idea de que se trababa del cristal. Le dije todo lo que sabía acerca de la droga y sus efectos.

—¿Qué voy hacer? —me preguntó.

—Tenemos que llevarlo a un centro de rehabilitación. Es la única manera de ayudarlo.

Traté de hablar con él acerca de los diferentes centros, pero él no quiso escucharme. Insistió en que iba a dejar las drogas por su cuenta. Desaparecía durante una o dos semanas y luego volvía. Decía que estaba limpio, que había conseguido un trabajo, pero luego, un día más tarde me daba cuenta de que se estaba metiendo cristal otra vez. «No puedo seguir en esta relación», pensé. Pero tampoco podía dejarlo.

Cuando ya no supe qué hacer, me puse en contacto con dos de sus amigos: Carnalillo, un locutor de la Que Buena, y George, el muchacho que estaba en el club cuando Fernando y yo nos conocimos. Íbamos a ponerle una trampa para llevarlo a un centro. Pero él se dio cuenta del plan antes de que pudiéramos llevarlo a cabo.

Un día, su madre le rogó que se internara y finalmente Fernando lo hizo. Ella lo llevó a un centro de rehabilitación en el sur de Los Ángeles y lo registramos a las 7:00 pm. Más adelante, Fernando me dijo lo que pasó ese día. Conoció al personal y a los otros pacientes. Poco después se llegó la hora de dormir. Lo pusieron en un cuarto con otros ocho hombres. Un tipo se paseaba de un extremo a otro del cuarto; Fernando se sentó en la cama y lo observó durante un par de horas, y luego se levantó y decidió que no podía soportarlo. Eso no era para él. Se salió de la cama y se puso los zapatos. El tipo que se paseaba intentó convencerlo de que se quedara.

—Tú puedes, carnal —le dijo a Fernando—. No te rindas. Sé que puedes hacerlo.

Fernando lo hizo a un lado y se largó del centro de rehabilitación. Se fue rumbo a donde pensaba que estaba su casa. Caminó por toda el área de South Central, a las dos de la mañana, con sólo setenta y cinco centavos en el bolsillo. Me llamó de un teléfono público, pero no escuché el timbre en el mío. Quién sabe cómo llegó a casa de un amigo, que estaba localizada a unas pocas millas del centro de rehabilitación. Ese amigo lo llevó de regreso a la casa de su madre.

—Lo siento, no me podía quedar en ese lugar —le dijo—. Es peor que estar en la cárcel. Puedo superar esto yo solo, se lo prometo.

Era una promesa que nunca podría cumplir porque las metanfetaminas ya se habían apoderado de él. Cayó más y más en un agujero negro. Llegó a pesar noventa libras y dormía donde sea. Por un tiempo hasta estuvo durmiendo en una banca en un parque en Hollywood. Hacía todo lo que podía para conseguir dinero para comprar más cristal. Me llamaba a las cinco de la mañana, bien despierto, y me contaba de todas las personas que lo estaban persiguiendo. Me sentía impotente. No hay nada peor que ver a un ser querido destruirse a sí mismo y no poder hacer nada para detenerlo.

No podía aguantar más esta locura.

Leí todo lo que pude sobre cómo ayudar a un adicto a las metanfetaminas y qué hacer para que mejore. Todos los expertos aconsejan dejar que el adicto llegue a su punto más bajo. No puedes seguir abriéndole las puertas de tu casa ni dejándolo volver a tu vida. Por cruel que se oiga, lo mejor que puedes hacer es no tener ningún tipo de contacto con el adicto. Tuve que alejarme de mi alma gemela, mi mejor amigo y el amor de mi vida cuando él estuvo en su punto más bajo. Tenía la ilusión de que Fernando podría vencer su adicción si sabía que él me iba a perder para siempre. Pero la verdad era que él ya no tenía uso de razón, este no era el hombre que yo había conocido. Su luz se estaba apagando y lo único que yo podía hacer era pedirle a Dios que lo ayudara.

Los siguientes meses fueron insoportables. Todavía estábamos lidiando con el juicio de Trino y además estaba lidiando con la adicción de Fernando. Llamaba a su madre casi todos los días para saber qué había de nuevo. A veces, ella sabía dónde estaba, pero otras veces no tenía ni idea. Un día en abril de 2007 fui a México para un concierto y la llamé del hotel. En el momento en que ella contestó, supe que algo estaba mal. Fernando había saltado desde el techo de un edificio de cuatro pisos porque pensaba que alguien lo estaba persiguiendo. Se había quebrado la pierna en doce lugares y estaba en el hospital.

En cuanto colgué con ella, llamé al hospital y me conectaron con él.

—Voy a volver ahorita mismo —le dije.

—No, por favor. Haz tu concierto y luego vienes, todavía estaré aquí —bromeó.

Cumplí esa noche con mi concierto y luego volé de regreso a Los Ángeles y fui directamente a verlo. Estaba hecho un desastre, bien flaco y demacrado. Era una sombra del hombre que yo había conocido. Pero todavía podía ver el destello de luz en sus ojos. Sabía que mi Fernando estaba en alguna parte y juré permanecer a su lado hasta que él volviera a encontrarse a sí mismo. Se quedó en el sofá en la casa de su madre y muchas noches dormí en el piso junto a él. Para entonces yo ya había estado saliendo con otro hombre y él estaba bien encabronado conmigo por lo de Fernando. Terminé la relación con ese hombre y la verdad no me importó. Mi hermano Pete, que era ya un pastor, y su esposa, Ramona, venían a ver a Fernando para orar por él.

Poco a poco, vimos cómo Fernando mejoraba. Como no se podía ni mover, no podía ir a ningún lado a conseguir cristal. De todas las cosas que habíamos hecho para ayudarlo, lo único que dio resultados fue el salto que se echó del edificio de cuatro pisos.

Oficialmente, él y yo no volvimos. Pero siempre platicábamos y salíamos a almorzar o a cenar. Nos veíamos para platicar pero a veces no decíamos nada. A pesar de todo lo que habíamos pasado, me sentía feliz porque tenía de regreso a mi mejor amigo. Volví a encontrar el amor y la pasión que habían estado ausentes en mi vida por mucho tiempo, pero tampoco iba a ser una tonta. Quería ver si en verdad él había superado su adicción, por lo que esperé a que consiguiera un trabajo estable y un lugar propio. Quería asegurarme de que iba a estar bien. No podía pasar por esa situación otra vez y tampoco podía dejar que mis hijos pasaran por eso.

Sabía que nunca volvería a amar a otro hombre como amé a Fernando. Pero también sabía que primero tenía que amarme a mí misma. Y para apoyarlo de verdad, tuve que hacerme a un lado y dejarlo que encontrara su propio camino.

19

«Celibato» y videos porno

No tengo aires de la Salma
con la Machado nada que ver.
No tengo fama de la Trevi
estrella porno no quería ser.

—De «Dama divina»

En octubre de 2007 mi ex marido Juan fue arrestado por tráfico de drogas y condenado a diez años de prisión. A mis dos hijos menores, Jenicka y Johnny, se les partió el corazón. Admito que a mí también. En el mismo año, los padres de mis cinco hijos estaban tras las rejas y el hombre que yo amaba batallaba con la adicción a las drogas. Entonces, mi padre y mis hermanos me dijeron:

—Tú eres buena para todo, pero estás bien pendeja para escoger hombres.

No pude contradecirlos.

A lo largo de mi angustia con Fernando lloré mucho.

—¿Por qué Dios me dejó encontrar el amor de mi vida sólo para no poder estar con él? —le preguntaba a Rosie.

—Hay un hombre por ahí sólo para tí. Cuéntame cómo es —me decía para animarme.

Así que empezamos a inventar uno.

—Mi esposo se levanta a las cinco de la mañana y se va a correr. Se cuida y come bien.

—¿Cómo se llama? —preguntaba Rosie.

—Lo llamo «El Corredor».

Cada vez que me ponía triste por lo de Fernando, Rosie me decía:

—Quiero saber más sobre «El Corredor».

—«El Corredor» es un hombre maduro y exitoso. No necesita de mi dinero. Me puede comprar mi anillo de compromiso. Y ya está jubilado, así que tiene tiempo para mí.

—¿Y cómo es?

—Es alto y guapo. Sabe cómo vestirse y siempre huele bonito.

—¿Es gringo?

—¡No chingues! Por supuesto que no. No me gustan los huevos rojos. Quiero un mexicanote sexy y romántico.

Siempre estábamos pensando en «El Corredor». Cuando un hombre se acercaba a mí, Rosie y yo nos mirábamos y decíamos:

—No, ese no es «El Corredor» —O nos mandábamos un mensaje de texto por celular: *Es guapo. Pero no es «El Corredor»*. O ella me decía al oído—: Deberías cogértelo. Pero él no es «El Corredor».

Debo aclarar que Rosie dejó de usar malas palabras y de andar cogiendo con cualquiera años atrás. Para ser exactos, la fecha fue el domingo 6 de noviembre de 2005. Rosie me llamó después de ir a la iglesia. Su voz se escuchaba llena de alegría.

—Hermana —me dijo—, algo me pasó en la iglesia hoy. Me siento llena de paz y de amor. Me siento libre. Dios me ama y yo lo amo y voy a vivir una vida diferente.

—Qué bueno, hermana. ¡Me alegro por ti!

—No voy a beber o a consumir drogas o fumar.

—¡Qué bien!, hermana. Me parece muy bien.

—Y no voy a tener sexo nunca más.

Me quedé en silencio por un momento, tratando de encontrar la manera de contestarle en buena onda y con la verdad.

—Hermana, te amo y te voy a apoyar, ¿pero de veras me quieres decir que te vas a hacer célibe? —La palabra correcta era abstinente, pero yo ni sabía la diferencia entre el celibato y la abstinencia. Y me cae que me daba igual.

Después de eso, le preguntaba a Rosie todo el tiempo:

—¿Cómo va la abstinencia?

En 2008 Rosie estaba saliendo con un muchacho y un día me llamó, llena de pánico.

—Metí la pata. Fui débil.

—Bueno, ¿y valió la pena?

—No, ¡es un pecado! Me da miedo que toda la iglesia se entere. ¡Y yo soy la hermana del pastor!

—¿Cuántas personas van a la iglesia? —le pregunté.

—Como cuatrocientas.

—Bueno, pues entonces te vas a humillar frente a unas cuatrocientas personas. Pero tal vez lo que te voy a decir te haga sentir mejor: yo me voy a humillar en frente de cuatro millones.

—¿Qué quieres decir?

—Pues mira, esto fue lo que pasó: se la estaba mamando a un muchacho, y él grabó todo con mi celular. Después el video fue robado. Samalia, yo sé que es sólo cuestión de tiempo para que ese video aparezca en el Internet.

Yo estaba completamente devastada. Mis hermanos iban a ver eso. Mi padre. Mis hijos. ¿Puede haber algo más humillante? Ese fin de semana tuve un concierto muy grande y le pedí a Rosie y a mi madre que vinieran conmigo. Necesitaba su apoyo.

Ese viernes por la noche, Rosie y yo estábamos acostadas en mi cama y yo todavía estaba bien encabronada. No podía creer lo que había hecho el pendejo. Él era un integrante de mi banda y cuando grabó el video él y yo estábamos saliendo. No podía creer que me hubiera hecho esta mala jugada de llevarse una copia sin mi permiso. Él hizo una copia del video y después el puto video pasó a manos de alguien más. Todos en el mundo de la música de banda ya sabían del video y con el tiempo todos los de la industria se enterarían también.

—¿Qué hago? —le pregunté a Rosie.

—Sólo dí la verdad. Lo que hiciste con él es algo natural que hacen las parejas.

Decidí que iba a llamar a mis hermanos y a mi padre y decirles lo del pinche video antes de que lo escucharan por boca de alguien más. Juan estaba listo para partirle su madre, por supuesto. Lupe fue el primero que se rió.

—No tengas vergüenza —dijo—. Es bueno que una mujer se la chupe a un hombre. Necesitamos más mujeres así. Estoy seguro de que lo hiciste bien.

Cuando terminé de llamar a todos ellos, me volví a Rosie y le dije:

—La gente te va a preguntar sobre esto, quiero que lo veas para que sepas lo que vas a decir.

Le di mi celular para que viera el video.

—¡No! —gritó—. ¡No quiero verlo!

—¡Míralo! —insistí, poniéndole el teléfono en la cara. No dejé de insistir hasta que lo vio. Esperé por cuatro largos minutos. Cuando se terminó el video, le dije—: ¿A poco no soy buena para eso? Debería ser maestra. Si fracaso como cantante, por lo menos puedo ser estrella de porno.

En junio de ese mismo año, 2008, fui arrestada por agredir a un fan.
Yo estaba en el escenario en mi concierto en Raleigh, Carolina del
Norte, cuando un hombre me tiró una lata de cerveza. Casi me parte
la pinche cabeza, pero la cerveza voló cerca de mí y golpeó a uno de
los integrantes de mi banda.

—¿Quién tiró eso? —pregunté.

Mis fans señalaron a un hombre.

—Sube aquí —le ordené.

El hombre subió al escenario y le di un madrazo la cabeza con
mi micrófono. Si hubiera sido un micrófono normal, sólo le habría
dejado un morete. Pero era un micrófono con diamantes incrustados
que mi hermano Juan me había regalado. Así que le rajé la frente al
hombre y empezó a sangrar. Los guardias de seguridad se lo llevaron
y no le di gran importancia al asunto. Si me tiras una pinche cerveza,
te mereces lo que te haga.

Pero la policía de Raleigh no estuvo de acuerdo conmigo. Tan
pronto como terminé el concierto, me estaban esperando para ponerme las esposas. Me arrestaron y me fijaron una fianza de 50,000
dólares. Mi hermano Juan me vino a buscar con el diez por ciento de
la fianza, 5,000 dólares. Los medios me chingaron mucho por el incidente. Dijeron que yo trataba horrible a mis fans. Me sentí muy mal
por hacer eso. Pero si llegara a pasar otra vez, probablemente haría
lo mismo. Después me enteré de que la esposa del hombre era una
fanática mía y él se había emborrachado. El hombre insistió en que él
no había tirado la cerveza y que sólo había levantado la mano porque
quería acercarse para bailar conmigo. Supongo que en cierto modo
se le cumplió el deseo.

Una vez más, la gente me acusó de haber planeado esa situación
para atraer la atención de los medios. Una vez más, eso no fue cierto.
Pero pude ver por qué la gente pensaba que era un truco publicita-

rio. En ese momento, uno de mis sencillos, «Culpable o inocente», había pegado. Ya que después de que me arrestaron me tomaron una buena foto mientras me fichaban en la delegación, decidí hacer camisetas con esa foto y las palabras «Culpable o inocente».

Fernando me llamó cuando vio las camisetas. A pesar de que ya no éramos novios, nunca perdimos el contacto.

—*Babe* —me dijo—, eres una pinche loca.

—Ay, chingado. ¿A poco apenas te diste cuenta?

20

¡Beso!, ¡beso!

Yo soy una mujer de carne y hueso,
yo soy una mujer que se enamora
—De «Yo soy una mujer»

El hombre al que le di un madrazo con el micrófono presentó cargos en mi contra pocas semanas después del concierto en Carolina del Norte. Ese momento me indicó que había triunfado como artista. Cuando no era nadie, ninguno de los tipos a los que les partí la madre presentó cargos en mi contra, pero como ya tenía dinero en el banco, ahora sí los cabrones iban corriendo a los tribunales. Logramos llegar a un acuerdo fuera de la corte con el hombre, y hasta le tocó un viaje a Los Ángeles para él y su familia. Les pagué los boletos de avión y les di asientos de primera fila en mi próximo concierto el 16 de agosto de 2008, en el Teatro Nokia.

Cuando me lancé como cantante, mi meta siempre fue que algún día me invitaran a cantar en el Gibson Amphitheatre, donde yo había visto a muchos de mis ídolos presentarse. Por supuesto, después de que logré mi meta, no una, sino dos veces en 2006 y 2007, me encontré con una nueva aspiración: cantar en el Staples Center, donde cabrían 20,000 de mis fans. El Nokia, que tiene 7,100 asientos, aún no existía cuando mi carrera estaba empezando. Lo habían inaugurado menos de un año antes, en octubre de 2007, y lo consideré un paso más hacia mi camino al Staples Center. Esa noche se agotaron los boletos de mi concierto en el Nokia, y durante esas tres horas en el escenario, me olvidé de todos los problemas que había tenido esos últimos meses: El arresto de mi ex, Juan, el juicio de Trino, el drama con Fernando, el divorcio de mis padres, las críticas por mi lío con la policía, y la última bomba: el pinche video porno. Aún no se había hecho público, pero sabía que eso era sólo cuestión de tiempo. Durante esas tres horas en el escenario pude hablar de mis asuntos privados de una manera pública, pero sólo aquellos que me conocían bien sabían todos los detalles.

Tres semanas después, el 9 de septiembre de 2008, salió a la venta mi décimo álbum (décimocuarto oficialmente), *Jenni*. Fue el primer disco que produje yo misma. Quería tener el control, pero también quería establecerme como algo más que un artista (sé que no voy a estar cantando para siempre, así que es importante para mí que la industria y los artistas por venir sepan que yo también puedo producir). *Jenni* fue mi primer álbum que alcanzó el número uno en el Top Latin Albums en los Estados Unidos.

Luego, en los primeros días de octubre, mientras disfrutaba del éxito de ese álbum, mis temores se hicieron realidad. Subieron anónimamente el video porno al Internet y se regó como pólvora. A las pocas horas de que me enteré, sentí que todo el mundo ya lo hubiera visto. La atención de los medios fue inmediata y enorme. Telemundo y Univision no dejaban de hablar de eso.

Mucha gente pensó que yo misma había subido ese video al internet por publicidad. ¡Lo que no podría estar más lejos de la verdad! Esa no era la clase de publicidad que yo quería. Estaba tan mortificada y al mismo tiempo tan encabronada como no tienes idea. Aclaro que si yo fuera a sacar intencionalmente un video porno, me habría asegurado de que yo luciera un poco mejor. Recibí muchas llamadas telefónicas y correos electrónicos preguntándome si en realidad era yo la del video y si quería hablar de eso. Yo no quería hablar de nada, quería meterme en una pinche cueva y desaparecer, pero no pude. Ese mismo mes me enteré de que mi disco había sido nominado para un Grammy Latino al Mejor Álbum Ranchero por *La diva en vivo*. Los otros nominados fueron Vicente Fernández, Pepe Aguilar, Pedro Fernández y Los Temerarios. Estaba muy orgullosa de que mi nombre apareciera al lado de los de ellos. Los productores de los Grammy Latinos me pidieron que cantara con Lupillo en la noche de la premiación el 13 de noviembre. Fue la primera vez que cantamos juntos en un evento tan prestigioso. Me sentí orgullosa de estar al lado de mi hermano en el escenario con toda mi familia en el público. No gané el Grammy ese año (cuando estás nominada en la misma categoría que Vicente Fernández, ¡ya sabes quién se lo va a ganar!).

Lamentablemente, a pesar de la nominación al Grammy y el éxito con mi nuevo álbum, la gente todavía estaba más interesada en el pinche video. El tipo era veinte años menor que yo y no era «El Corredor», para nada. Cuando mi camino se cruzó con él un par de meses más tarde, me le eché encima y le puse sus putazos. Lo mordí, le rompí el labio y le puse el ojo morado antes de que alguien me quitara de encima.

Decidí convertir ese momento vergonzoso en algo positivo. Escribí «Dama divina», que fue un himno para motivar a las mujeres para que se sientan orgullosas de sus cuerpos y su sexualidad, aunque no parezcan modelos.

El 7 de diciembre de 2008 tenía planes de regresar a Mazatlán,

México, para cantar en un palenque. Yo estaba nerviosa porque esa fue la ciudad donde se grabó el famoso video y todavía estaba en boca de todo el mundo ahí. Me daba miedo que mis fans no me aceptaran y me juzgaran por eso. Decidí tocar el tema tan pronto como pisé el escenario.

—Tenía miedo de venir a Mazatlán —le dije a la gente—. No por lo que ha estado pasando con la terrible violencia en los alrededores, sino porque una de las partes más difíciles de mi vida comenzó aquí. Ese video me ha causado muchas lágrimas.

La gente comenzó a aplaudir y gritó mi nombre una y otra vez. En ese momento, la vergüenza se desvaneció. Me sentí muy querida y llena de alivio.

A mitad del concierto mi representante, Gabo, me dijo:

—Esteban Loaiza está aquí y quiere conocerte. En todo Mazatlán y en muchas partes de México, Esteban Loaiza es considerado un ídolo porque representó al país como beisbolista. Fue lanzador por más de veinte años en las Grandes Ligas, jugando para varios equipos, incluyendo los White Sox de Chicago y los Dodgers de Los Ángeles. Pero en ese momento, él estaba jugando en México. Lo invité a venir al escenario. Cuando lo hizo, los fans comenzaron a gritar: «¡Beso!, ¡beso!».

Para dar un buen espectáculo (y porque era guapo), les seguí el juego.

—¿Puedes creerlo, mijo? Esta gente quiere que me hagas un hijo —le dije.

—¡Pues órale! —respondió, con una sonrisa. Mientras él salía del escenario, le agarré las nalgas.

Después del concierto Esteban llegó a los camerinos para hablar conmigo. En este punto de mi carrera, muchos de los hombres tenían miedo de acercarse a mí, pero Esteban no. Yo también sabía que en México él podía tener a cualquier mujer que él quisiera, pero yo no estaba dispuesta a besarle los pies. Si él estaba interesado, iba a tener que trabajar un poco.

—Deja que te invite a comer —dijo.

—No tengo hambre —le respondí.

—¿Y a tomar?

—No. No tengo sed.

—Déjame entonces enseñarte mi ciudad.

—Ya he visto tu pueblo.

—Bueno, ¿respiras? ¿Qué tal un paseo para tomar aire?

Me gustó que no se diera por vencido, así que finalmente acepté. Fuimos a dar un paseo por la playa y después nos fuimos a su casa, donde sus amigos estaban bebiendo. Me había lastimado la rodilla, así que tomé un analgésico y me quedé dormida en su cuarto mientras él y sus amigos festejaban abajo. ¡Ni siquiera lo besé! Por la noche regresé a mi casa en California, pero seguimos en contacto. Hablábamos todas la noches hasta las dos o tres de la mañana. Ni una sola vez mencionó lo del video. Nunca mencionó el incidente con el micrófono cuando me arrestaron o cualquiera de las otras chingaderas que los medios reportaban de mí. Pero yo estaba segura de que él había oído hablar de eso, así que quería sacarlo a la luz. Un día, por teléfono, me decidí a tocar el tema.

—Sabes lo que dicen de mí, ¿verdad? —le pregunté.

—Sí, pero eso no es lo que yo veo. Veo a la mujer trabajadora que lucha por sus hijos.

La primera vez que vino a mi casa a recogerme para salir a pasear, mis hijos no quedaron muy convencidos. Así eran con cualquier hombre que quisiera salir conmigo. Él me llevó a cenar, y cuando nos sentamos en el restaurante recibí un mensaje de texto de mi hijo menor, Johnny, diciendo: «¿Sabes que Esteban tiene un historial criminal?».

«¿De qué estás hablando?», le pregunté con otro mensaje.

«Lo investigué —respondió Johnny— y descubrí que fue detenido por manejar tomado en 2006. ¿Segura que quieres salir con él?».

Sabía que esta era la manera de Johnny de decirme: «Te estoy echando aguas, mamá. Te voy a cuidar». Le enseñé a Esteban el mensaje de texto.

—Sí, es verdad —dijo, y me explicó que había tomado un par de copas después de un partido y que lo habían parado en la autopista por exceso de velocidad. Dijo que la experiencia lo cambió y que se dio cuenta de lo estúpido que había sido. Hablamos más sobre nuestras carreras y de nuestro pasado. Los dos veníamos de origen humilde y éramos muy unidos con nuestras familias. Tuvimos la conversación típica de cuando apenas conoces a alguien.

Cuando llegué a casa, Chiquis y Jacqie me estaban esperando para saber cómo me había ido.

—¿Y? —preguntó Chiquis—. Cuéntanos todo.

—Me cayó bien — le contesté—, me la pasé bien.

—Pero no te sientes atraída a él, ¿verdad? —me preguntó.

—Yo no dije eso.

Jacqie, que no tiene pelos en la lengua, dijo:

—¿Sabes, mamá? parece un culero.

Es cierto que no estaba loca por él, pero era dulce, atractivo y buena compañía. Muy pronto su manera de ser me conquistó. Me di cuenta de que este amor era diferente del amor que tuve con Fernando. Claro que no había la misma pasión y el mismo fuego, pero tampoco había pleitos feos o llamadas de teléfono a las cuatro de la mañana, nada de drama, por lo que le dije a mi familia:

—Fernie fue un amor apasionado, pero éste es un amor maduro.

Y un amor maduro es lo que necesitaba en ese momento de mi vida. Esteban y yo nos entendíamos de muchas maneras. Él tenía su propia fama y entendía lo bueno, lo malo y las constantes demandas

que vienen con ser famoso. Yo todavía hablaba con Fernando de vez
en cuando y me gustaba saber cómo estaba a través de su madre.
A pesar de que todavía me preocupaba por él, sabía que Fernando
nunca me podría dar la estabilidad que Esteban sí podía.

Mi familia llegó a querer y apreciar a Esteban por la manera en
que se portaba conmigo. Él se hizo cargo de todas mis necesidades.
Siempre me preguntaba:

—¿Tienes hambre? ¿Necesitas algo? ¿Qué se te ofrece?

Era el hombre con el que había soñado, este era «El Corredor».
Tenía su propio dinero, había tenido una carrera exitosa, se cuidaba
y me trataba como una reina, y a mis hijos como príncipes y princesas.

En enero de 2009 la noticia de nuestra relación se hizo pública.
Ese mismo mes me compré una casa en Encino, California porque
estaba cansada de manejar de Corona a Los Ángeles todo el tiempo.
Necesitaba estar más cerca del trabajo, pero no podía deshacerme
de mi casa en Corona. Yo sé que económicamente no era una buena
decisión, pero decidí quedarme con la casa y seguir pagando la hipoteca aunque nadie viviera ahí. Esa fue la primera casa de mis sueños.
Para mí esa casa representaba mucho. Representaba que estaba
cumpliendo con las promesas que les hice a mis hijos; representaba
que le había comprobado a Trino —y a todos los que no creyeron en
mí— que se había equivocado conmigo. Esa casa era prueba de lo
imposible: que una niña mexicoamericana pobre de Long Beach que
una vez vivió en un garaje, pudo llegar a comprar una casa de siete
mil pies cuadrados.

Mi nueva casa era aún más grande: casi diez mil pies cuadrados
con vistas a Los Ángeles y el valle se alcanzaba ver a lo lejos. Recuerdo que caminé por la casa la primera noche preguntándome:
«¿Cómo puede ser que haya habido un tiempo en el que no podía

ni siquiera pagar el agua en mi casita de dos habitaciones en Compton, y que ahora sea dueña de una casa con once baños?». Y no sólo eso, por fin había encontrado a un hombre que me trataba bien, que no era celoso o posesivo, que tenía su propio dinero y no necesitaba nada de mí, sólo mi amor y mi lealtad. Y eso es todo lo que necesitaba yo de él. A pesar de que sólo habíamos estado juntos un par de meses, nunca me había sentido tan segura en mi vida personal.

Y luego, en mayo de ese mismo año, Esteban y yo nos separamos.

Yo le descubrí una «mentira piadosa» y terminé con él en ese mismo instante. A los pocos meses de que habíamos empezado a salir, él comenzó a decirme «mentiritas». Lo hacía muy seguido, y me empezó a encabronar. Me mentía por las cosas más estúpidas. Yo siempre lo descubría y le decía que dejara de hacerlo, pero no dejaba de mentir. Había sido engañada varias veces por otros hombres y ya no estaba dispuesta a pasar por ese desmadre otra vez.

Ese mismo mes mi hermano Juan llegó a las rondas finales de un concurso de canto en México llamado «El gran desafío de estrellas». Me pidió que cantara una canción con él en uno de los espectáculos, y por supuesto que le dije que sí. Nunca podría decirle no a Juan. El programa era grabado todos los domingos en el Distrito Federal. Ese mismo fin de semana tuve conciertos en Hermosillo, Obregón, y en Jalisco. Después de mi última presentación la noche del sábado me fui al D.F. para cantar con mi hermano al día siguiente. Sin embargo, el programa es transmitido por TV Azteca, la segunda televisora más grande de México. La empresa más grande, Televisa, me envió un correo electrónico advirtiéndome que si salía en «El gran desafío de estrellas», me iban a prohibir en Televisa.

Cuando le dije a Juan, dijo:

—No cantes conmigo entonces. No vale la pena.

—Tú eres mi hermano y me vale madre lo que hagan —le respondí.

Menos de quince minutos después de que cantamos, recibí un mensaje diciéndome que estaba vetada oficialmente de Televisa.

A la mañana siguiente fui al aeropuerto de la Ciudad de México para volar de regreso a Los Ángeles. En mi bolsa de mano tenía un poco más de 50,000 dólares, mi sueldo del concierto del sábado. Cuando los agentes de la aduana revisaron mi bolsa y encontraron el dinero, me preguntaron por qué no lo había declarado.

—Lo siento, no sabía que tenía que hacerlo —les expliqué—. Déjenme hacerlo ahorita mismo.

—No puedes —me dijeron. Y me arrestaron.

Pagué una multa de 8,000 dólares y me dejaron ir. Cuando llegué a Los Ángeles, la noticia estaba en todas partes. La primera empresa en cubrirlo, por supuesto, fue Televisa, a pesar de que habían dicho que nunca más me iban a tener en sus programas. En este punto de mi carrera ya había aprendido el juego que a los medios les gusta jugar y yo no iba a ser parte de él si podía evitarlo.

Al mismo tiempo, Graciela Beltrán, durante una entrevista en *El Gordo y la Flaca*, dijo que yo siempre había estado celosa de ella porque ella era más bonita. La mayoría de los artistas saben que cuando alguien hace comentarios así de mí, no me dejo, y se pueden llenar la boca diciendo:

—Ahí va la pinche Jenni Rivera a pelear otra vez.

Pero esta vez era diferente. Cuando Graciela empezó a hablar chingaderas de mí, me cayó el veinte de que nada más lo hacía para obtener publicidad y ratings. Así que me negué a responder.

Seis meses después Graciela salió con otra chingadera. Estaba muy cansada de esa pendeja, pero me negué a darle publicidad metiéndome en más pleitos con ella a través de los medios. En vez de eso, escribí una canción llamada «Ovarios». Dije mierda de ella en la letra de la canción en vez de hacerlo en los programas de la televisión. «Y las que dicen ser Reinas son de un pueblo abandonado» canté.

Me había tardado muchos años en entender lo que los raperos me habían tratado de enseñar allá en mi época de la escuela secundaria: la mejor manera de resolver los pleitos es a través de una canción. De esta manera ganas la pelea y hasta te quedas con el pinche dinero de las regalías.

21

Adiós

Cómo sufrió por ella
que hasta en su muerte la fue llamando
—De «Cucurrucucú paloma»

El 1 de julio de 2009, mi hermana y yo íbamos a celebrar nuestros cumpleaños juntas como lo hacíamos todos los años. Excepto que esta vez sería en un yate de tres pisos en Long Beach. Habíamos planeado tener un DJ y al grupo Los Herederos de Nuevo León tocando esa noche. Invitamos como a doscientas personas y la prensa estaba lista para cubrir el evento. Todos los planes se habían finalizado desde principios de junio. Todos estábamos esperando ese día, pero tuvimos que poner todo a un lado cuando nos informaron que mi ex esposo Juan se había enfermado gravemente en su celda en el centro correccional California City. Estaba cumpliendo el segundo año de su condena de diez años por tráfico de drogas. Tenía neumonía y estaba sufriendo de complicaciones por una infección. Fue trasladado al Hospital de Antelope Valley en la ciudad de Lancaster. Yo tenía la ilusión de que mejorara, pero pasaron los días y no mejoraba. Decidí cancelar la fiesta. Mi hermana y yo hicimos planes para una celebración de cumpleaños más tranquila en mi casa en Encino, con sólo unos pocos amigos. Pero la verdad es que estaba muy preocupada por el estado de Juan como para pensar en mi cumpleaños. Juan era el padre de mis dos hijos menores, y los dos tenían una linda relación con él. No podía soportar la idea de que Johnny y Jenicka perdieran a su padre a los siete y once años de edad. Y aunque Juan y yo tuvimos muchos pleitos entre 2003 y 2007, además de un horrible divorcio, logramos dejar todo eso en el pasado y nos hicimos buenos amigos una vez más. Cuando fue encarcelado en 2007, traté de llevar a mis hijos a verlo siempre que podía. Muchas veces fui sola. Juan y yo siempre podíamos hablar de nuestros problemas y esto nos acercó una vez más. Se convirtió en uno de mis mejores amigos.

La mañana del 1 de julio, un día antes de mi cumpleaños, recibí una llamada diciéndome que las cosas habían empeorado. Fui a visitar a Juan y al entrar a su cuarto vi a su hermana Érika sentada allí con la cara bien pálida. Inmediatamente supe que algo andaba muy mal. Me di la vuelta y vi a Juan acostado en la cama, con las manos esposadas a las agarraderas de la cama. Sus ojos estaban entreabiertos. Su cuerpo temblaba de un lado a otro. Parecía como que la manguera que tenía metida por la boca, la garganta y en el pulmón le estuvieran bombeando oxígeno con tanta fuerza que hacía que todo su cuerpo se estremeciera. Sus brazos y piernas temblaban de un lado a otro mientras que su pecho subía y bajaba, subía y bajaba. Estaba en estado de coma y sus ojos se habían abierto debido a la hinchazón de su cara. Fue una cosa terrible verlo así.

—¿Qué pasa con él? —grité—. ¿Qué le pasó?

—No lo sé —dijo su hermana—. Las enfermeras no me dicen nada.

—¿Qué quieres decir con que no te dicen nada? ¿Dónde chingados están?

Una enfermera llegó corriendo al oír mis gritos. Me dijo que tenía que mantenerme en silencio o iban a tener que pedirme que me fuera. Me sacó del cuarto al pasillo, donde había dejado a Johnny y a Jenicka.

—¿Qué pasa, mamá? —me preguntaron—. ¿Qué le pasó a papá?

Yo no había estado así de alterada los otros días que habíamos ido a visitarlo al hospital, pero esta vez no pude detenerme. ¿Cómo chingados iba yo a decirle a mis hijos que su padre podría morir? Lo querían mucho. Aún después de que lo metieron a la cárcel, yo los llevaba a visitarlo para que no perdieran esa relación tan hermosa que tenían con él.

Me di la vuelta y recargué mi frente contra la ventana del pasillo porque no quería que mis hijos me vieran llorar. Saqué mi celular de mi bolso y llamé a Chiquis.

—Mamá, ¿qué te pasa? —me preguntó en cuanto me oyó llorar—. ¿Por qué lloras así? ¿Cómo está papá?

Le dije que estaba muy enfermo y que sabía que él quería que yo estuviera ahí. Le conté del estado en el que lo había encontrado y le pedí que viniera al hospital a recoger a los niños. También le pedí que cancelara la cena de cumpleaños y que dijera a nuestros invitados que me iba a pasar el resto del día con Juan. Más tarde, a la medianoche mi estilista, Ivan, y su novio, Rafa, me vinieron a visitar al hospital. Elena, mi joyera personal, y su novia, Zuleyma, llegaron también. Esteban, con quien yo había terminado dos meses antes, manejó desde San Diego para estar allí. Me trajeron pastel, mole y me cantaron «Las mañanitas».

Al día siguiente, el mero día de mi cumpleaños, estábamos Johnny, mi hijo de siete años de edad, y yo sentados al lado de Juan en el cuarto número 233 de la unidad de cuidados intensivos en el Hospital del Valle del Antílope en la ciudad de Lancaster. Johnny quería estar con su padre.

—Gracias por pasar tu cumpleaños aquí con mi papá — me dijo Johnny—. Eres una mamá muy buena —Johnny lloró mucho ese día, tomó la mano de su padre y oró—: Por favor, Diosito, salve a mi papá. Deje que él viva. Le prometo ser un buen niño. Ya no voy a decir malas palabras. Voy a hacer mi tarea y compartir mi PlayStation con mi hermana. Oraré cada noche. Voy a hacer mis deberes. Dios, por favor, permítele a mi papá seguir viviendo.

Se me rompió el corazón en mil pedazos y me sentí muy impotente.

Yo había pasado por muchas cosas con Juan. Y ahora esto. ¿Acaso iba a ser yo la que llevaría a nuestros hijos al funeral de su propio padre? No, yo no podría sobrevivir eso.

A las 11:00 pm, yo estaba todavía recibiendo felicitaciones por mi cumpleaños a través de mensajes de texto y llamadas telefónicas. Johnny estaba dormido en una silla en la esquina. La enfermera se acercó y me dijo que Juan sólo tenía una probabilidad del 40 por ciento de sobrevivir. Mientras miraba a Johnny dormir, traté de hacerme a la idea de que iba a tener que ser su madre y su padre a la vez. Ninguno de mis hijos se criaría con su padre y yo tenía que llenar ese papel. Sentí mucho miedo.

El 14 de julio de 2009, Juan murió en su cama en el hospital en Lancaster, California. Estaba solo. La prensa rodeaba el hospital, así que no se me permitió entrar a verlo. Tampoco a Johnny o Jenicka, ni a sus hermanas, ni a sus padres, ni a su novia. Sabía que era mi culpa. Juan se había casado y tuvo hijos con una mujer famosa, y ahora estaba pagando el precio, justo cuando se encontraba solo en su último día en la tierra.

Antes de que Juan muriera, le pregunté cómo quería que fuera su funeral. Me dijo que quería que su cantante favorito, el Coyote, estuviera allí, así que me aseguré de que así fuera. Pensé que era lo menos que podía hacer por Juan, especialmente porque ya no aguantaba la culpa de que murió sin que nadie lo acompañara. Recuerdo que para confortarlo, le cantaba al oído y al escuchar mi voz veía lágrimas rodar por su rostro. Así me despedí del padre de mis hijos, de mi ex esposo pero sobre todo de mi gran amigo.

Toda mi familia asistió a su funeral, como si todavía estuviéramos casados y él siguiera siendo el cuñado y yerno. Juan era un hombre guapo, pero cuando falleció, después de tantos días de estar en el hospital, estaba tan hinchado que parecía haber subido muchos kilos.

—Este no es Juan —le dije a Chiquis al arrodillarnos delante de su ataúd abierto—. Él no estaría feliz con el aspecto que tiene ahorita. Cuando yo muera, quiero un ataúd cerrado. Prométeme, princesa, asegúrate de que tenga un ataúd cerrado si algo me pasa.

Chiquis lo prometió.

La muerte de Juan me cambió de muchas maneras. Me dio una nueva perspectiva. En este momento de mi carrera los boletos de todos mis conciertos se agotaban y todos mis álbumes eran de oro y platino. Yo estaba dominando la industria de la música regional y había logrado todo lo que había soñado y hasta más. Sin embargo, lo único que quería era estar en casa con mis hijos. Decidí que no me iba a perder otro cumpleaños, Día de las Madres, Día del Padre, Día de Acción de Gracias, la Navidad o el día de Año Nuevo. No importaba qué tanto me pagaran o que prestigio me brindaran. Me iba a quedar con mi familia.

Poco después de que Juan murió, volví con Esteban. Estaba dispuesta a perdonarlo por mentirme, pero le dije que ya no podía haber más secretos entre nosotros, no importaba qué tan insignificantes fueran. Aceptó el trato y le echamos más ganas que antes. Él se hizo cargo de todas mis necesidades y me llenó de regalos.

Una vez, llegó a casa con tres bolsas de mano para mí de Louis Vuitton nada más porque sí. En el armario ya no me cabían los zapatos de marca y ropa fina que a él le gustaba regalarme.

—*Babe* —le dije—, gracias, pero no necesito todo esto.

No escuchó. Y no era así de generoso sólo conmigo, sino que también trataba igual a mis hijos y a mi familia. Cualquier cosa que alguien quisiera, Esteban la conseguía. Cada día entraba por la puerta con más y más bolsas. Aunque yo le rogaba que no me diera nada más, me sentía muy bien de tener a un hombre que me pudiera mimar tanto. Quiero decir, yo no iba a rechazar otra bolsa de Louis Vuitton (pero la neta, ¿quién necesita catorce pinches pares de zapatos de tacón y tenis?).

El 29 de julio, mi familia y yo tuvimos una entrevista con El Piolín en la estación de radio La Nueva. Algunos de mis familiares estaban en el estudio conmigo y otros estaban en el teléfono. Piolín les preguntó a mis padres:

—Bueno, díganme, ¿cuándo se va a casar su hija con Esteban?

—Cuando quieran —respondió mi padre.

—¿Así que ustedes estarán de acuerdo si ella se casa con ese tipo?

—Si es lo que ella quiere —dijo mi madre.

Entonces Esteban llamó para mandarnos un saludo, y El Piolín le preguntó directamente:

—¿Cuándo le vas a proponer matrimonio? Ya sus padres me dijeron que están de acuerdo.

—De veras, ¿ustedes están de acuerdo? —respondió Esteban

—Si la quieres, pues aviéntate —dijeron mis padres, y mi padre añadió—: Pero mija, no te puedes acostar con este hombre antes de casarte.

Llegó un poquito tarde ese consejo, ¿no te parece?

✻

Alrededor de un mes después de la muerte de Juan, Jacqie, que entonces tenía diecinueve años, me llegó con la noticia de que estaba embarazada. Las primeras palabras que salieron de mi boca fueron:

—Te puedes quedar en esta casa —Me había prometido a mí misma que si una de mis hijas quedaba embarazada, yo no cometería el mismo error que mis padres, y muchos padres de su generación, cometieron—. Él puede venirse a vivir a esta casa si quiere —le dije—, pero debes quedarte aquí con la criatura.

El 17 de noviembre de 2009, Jacqie empezó con los dolores del parto. Estuve allí con ella en cada paso del camino, guiándola, diciéndole:

—Tú no necesitas la anestesia epidural. Puedes hacer esto tú sola.

Y así lo hizo. Unas horas más tarde conocí a mi primera nieta, Jaylah Hope y supe en ese momento que mi vida nunca volvería a ser la misma. Nada me hizo más orgullosa que ser madre. Nada me hizo ablandarme más que ser abuela. Jaylah cambió mi mundo de muchas maneras y la más importante fue que fortaleció mi relación con Jacqie. Jacqie es mi hija rebelde, la que no puede ser domada y a la que no se le puede decir que no. Igual que yo. Debido a esto siempre chocamos mucho durante su adolescencia, pero cuando Jaylah llegó, Jacqie y yo nos acercamos más que nunca. Ella sigue siendo mi hija rebelde y siempre lo será. Igual que su madre. Espero que Jaylah resulte ser igual que nosotras, así Jacqie puede saber lo maravilloso y frustrante que es tener una hija a la que no le puedes decir que no.

22

Mi vida es una telenovela

Bueno, están prendiendo las luces en la barra,
la banda está tocando la última canción…
—De «You Don't Have To Go Home»

Pocos meses después de la entrevista con El Piolín, alguien en mi familia se enteró de que Esteban andaba comprando un anillo. Cuando un Rivera se entera de algo, todos los Rivera se enteran.

Sin pelos en la lengua, Rosie le preguntó a Esteban:

—Le vas a pedir a mi hermana que se case contigo, ¿verdad?

—Tal vez —le dijo.

—¿Lo estás haciendo porque la amas o porque te sientes presionado por los medios? No lo hagas si es por eso.

—Lo voy a hacer porque la amo.

El 21 de enero de 2010, Esteban nos invitó a mis cinco hijos y a mí a comer sushi. A mitad de la cena, Esteban hizo como que algo se le había caído al suelo y se agachó a recogerlo. Cuando se levantó, tenía un anillo en la mano.

—Te quiero —me dijo—. Quiero a tus hijos y a toda tu familia. Quiero pasar el resto de mi vida contigo. ¿Te quieres casar conmigo?

Me quedé con la boca abierta y no le contesté.

—¡Contéstale, mamá! —mis niños me gritaron.

Una vez que le dije que sí, me puso un increíble anillo de diez quilates en el dedo, y dijo:

—Traje a los niños porque sé que no sólo me caso contigo, sino con ellos también.

Llamé a mi hermana, a mis hermanos y a mis padres para darles la noticia (aunque estoy segura de que no se sorprendieron para nada). Estaba muy feliz y muy emocionada. Nunca se me habían propuesto matrimonio antes. Y por supuesto que nunca me habían dado un anillo como ese antes.

Un mes más tarde, cuando estábamos planeando nuestra boda, llamé a Rosie para pedirle que fuera mi dama de honor.

—¿En serio? —dijo—, ¿me quieres a mí? Se lo puedes pedir a cualquiera de todas tus amigas famosas, pero ¿me lo pides a mí?

—Claro que sí, ¿quién mejor que tú podría ser mi dama de honor?

Un día la madre de Esteban me dijo:

—Te estás llevando a un buen hombre.

La verdad sentí como si me hubiera dado un putazo en el estómago, pues con esas palabras me quería dar a entender que yo no merecía a su hijo.

—Sí —dije—. Es un buen hombre, y yo soy una buena mujer.

La conversación me siguió molestando por unos días, pero luego se me olvidó hasta que un día, a medida que nos acercábamos al de la boda, Esteban me pidió un acuerdo prenupcial. Estaba completamente sacada de onda. Yo nunca le había preguntado cuánto ganaba o qué tanto tenía en el banco. Nunca le pregunté sobre sus finanzas, me daba igual. Yo tenía mi propio dinero.

Fue entonces cuando me acordé de mi conversación con su madre y comprendí que el acuerdo prenupcial era idea suya: ella pensaba que yo lo quería por su dinero.

Así que fui con Manley Freid, el mismo abogado que me había ayudado a resolver mi divorcio de Juan y el que ayudó a mi madre con su divorcio de mi padre. Le dije a Manley que necesitaba un acuerdo prenupcial. Manley y el abogado de Esteban trabajaron en ese documento hasta el día antes de la boda.

No sé por qué pero el acuerdo prenupcial me molestó y me hizo extrañar mucho la relación que había tenido con Fernando. Claro que nos peleábamos, pero teníamos mucha pasión y fuego y confiábamos completamente en nuestro amor. Y no nos obligamos a firmar un pinche documento legal para comprobarlo.

Llamé a Fernando y le pregunté:

—¿Alguna vez vas a mejorar tu vida? Porque si no lo haces, me voy a casar con este tipo.

—¿Así que te vas a casar con él?

—Lo digo en serio. Lo voy a hacer.

—Adelante, hazlo. ¿Qué me importa?

Esteban y yo nos casamos el 8 de septiembre de 2010, en Hummingbird Nest Ranch en Simi Valley. La boda fue preciosa, perfecta y extravagante. No escatimamos en gastos. Volé en helicóptero y llevé un vestido diseñado especialmente para mi por Eduardo Lucero. Tuvimos ochocientos invitados y un chingo de seguridad para que no tuvieran que preocuparse de que los molestara nadie. Cada detalle fue escogido con mucho cuidado. Durante su discurso como dama de honor, Rosie dijo:

—Por fin encontraste a «El Corredor», hermana. Realmente existe.

Lloré durante toda la ceremonia y la recepción. Parte de mí lloraba de felicidad porque finalmente estaba teniendo la boda de cuento de hadas que siempre había deseado. Y una parte de mí estaba llorando de tristeza porque me preocupaba estar cometiendo un error.

Eso no quiere decir que nuestro matrimonio no fue hermoso. Lo fue, por un tiempo. Esteban viajó conmigo a todas partes, se hizo cargo de mis hijos y de mí. Entró con calma en mi mundo de locura, que se había hecho un poco más loco porque ese año acepté hacer mi programa de tele realidad *I Love Jenni* con la televisora Mun2.

En 2007 me había hecho adicta a los *reality shows*, series de tele realidad. Un día me dije:

—Bueno, qué chingados, mi vida es mejor que una telenovela. Yo también debería de tener uno de esos programas.

Quería que el mundo viera lo que realmente pasaba en mi vida. Los medios acostumbraban malinterpretar las cosas o, de plano, se inventaban cuentos o exageraban los hechos. Yo lo único que quería era que la gente viera que yo era una muchacha del barrio a la que le había ido bien. Sabía que el programa iba a ser entretenido, pero también quería que el público se inspirara. Traté de venderle la idea a algunas de las televisoras grandes, pero ninguna de ellas lo quiso.

—Que se vayan a la chingada entonces —dije—. Lo vamos a hacer por nuestra cuenta.

Hice un episodio piloto y Mun2, la cadena hermana en inglés de Telemundo, quiso comprarlo. Pero para entonces yo ya estaba muy ocupada con todos mis otros proyectos y pensé que no tendría el tiempo para eso. Les sugerí que hicieran un programa con Chiquis, y que yo sería la productora ejecutiva y de vez en cuando estaría en el show cuando pudiera.

Sabía que Chiquis tenía personalidad para eso. Es divertida, inteligente, atrevida y siempre está rodeada de muchos personajes locos (uno de ellos es su mamá). Se nos ocurrió la idea de un reality llamado *Jenni Rivera presenta: Chiquis y Raq-C*. Raq-C era una de sus amigas, pero renunció en medio de la grabación y luego Chiquis se encargó sola del programa.

Después de esa primera temporada me di cuenta de que sería una gran oportunidad para todos mis niños que hicieran un programa centrado en mí también, así que decidí que iba a dedicar tiempo para poder hacerlo. Fue entonces cuando se me ocurrió la idea para mi programa, *I Love Jenni*. Tras el éxito del programa de Chiquis, cada televisora que había rechazado mi propuesta ahora quería hacer un programa conmigo. Pero yo no pensaba dejar Mun2. Siempre he dicho que le seré fiel a la gente que creyó en mí desde el principio.

Vi a *I Love Jenni* como una oportunidad para ganar dinero para mis hijos y para enseñarles a trabajar. Y no piensen ni por un minuto que grabar un programa de telerealidad es fácil. Es mucho trabajo. Me cae que muchas veces es un chingado dolor de cabeza. Hubo momentos en los que yo quería esconderme de las cámaras, pero esa no era una opción. El equipo de producción se presentaba a la la casa todas las mañanas listo para trabajar, y todos nosotros teníamos que presentarnos también, no importaba si no estábamos de humor.

En diciembre de 2010 tuve uno de esos días. Mi hijo Michael fue acusado de violación. Tenía diecinueve años y se había acostado con una muchacha menor de edad con quien estaba saliendo. Cuando él terminó con ella, la muchacha le dijo a su madre que había tenido relaciones sexuales con Mikey.

Me senté con Mikey y le pregunté qué había pasado. No podía creer que él fuera capaz de abusar de una mujer. Mi hijo creció rodeado de mujeres y es muy amable y tierno. Mikey admitió que sí se había acostado con esa muchacha, pero que ella había estado de acuerdo. Decidimos defender las alegaciones en la corte.

Antes de que comenzara el litigio, Rosie me dio el «Anillo de la Victoria» que yo le había regalado durante el juicio con Trino.

—Esto es para ti —dijo—. Vas a ver que se hará justicia.

El caso llegó a su fin en marzo de 2011. Su sentencia fue de tres años de libertad condicional y una multa de 600 dólares.

Justo cuando terminó esta novela, una nueva se inició con Gabo, quien había sido mi representante por muchos años. Tuve un concierto en México, donde a menudo nos pagaban en efectivo. En ese concierto, uno de los asistentes de Gabo le pidió prestada una bolsa de cuero al guardia de seguridad para guardar los fondos y así no tener que cargarlos en la mano. Cuando le devolvió la bolsa al guardia al final de la noche, el contrato original del concierto estaba en el fondo de la bolsa. Revisé el contrato y no reconocí ninguna de las cantidades. Los boletos vendidos eran más de los que me habían dicho, la cantidad que me habían pagado por el concierto era el doble de lo que Gabo me dijo que me estaban pagando. Durante años, familiares y amigos me habían dicho que Gabo no era digno de confianza, y ahora frente a mí estaba la prueba en este documento legal. Daba la apariencia de que Gabo estaba quedándose con la mitad de mis ingresos en cada concierto, además de su comisión. Estudiamos todos los contratos y nos dimos cuenta de que parecía que en cada concierto donde me habían pagado 200.000 dólares, yo sólo recibía 100.000 dólares. Calculamos que el total de lo que se me debía era entre uno y dos millones y medio de dólares.

Gabo sabía mejor que nadie lo duro que yo trabajaba. Sabía lo agotador y exigente que es estar en constante movimiento; sin embargo, siempre me presenté y di el cien por ciento de mí. Él sabía lo doloroso que era para mí estar lejos de mis hijos. También sabía que todo lo que hacía, lo hacía por ellos. He trabajado muy duro para darles todo lo que nunca tuve. Pero Gabo no me hizo daño a mí. No, él hizo algo peor que eso: el hijo de su puta madre le hizo daño a mis hijos.

A la semana siguiente Gabo y yo estábamos en Acapulco relajándonos cerca de la piscina y comiendo. En ese lugar tranquilo decidí tocar el tema.

—Sé lo que hiciste —le dije a Gabo—. He encontrado discrepancias en los pagos y tú me debes dinero.

Él lo negó y eso me hizo encabronar aún más. Te voy a decir cómo son las cosas: si yo descubro a una persona haciendo una pendejada y lo admite, puedo perdonarla de inmediato. Pero si lo niega, ¡pobre de ella! Gabo y yo habíamos trabajado juntos por más de diez años. Después de todo ese tiempo, pensarías que el pendejo ya sabría con quién se estaba metiendo.

Dejé a Gabo en Acapulco y no me importó cómo se regresó a casa.

Lloré por Gabo como si estuviéramos rompiendo un romance y no una relación de trabajo. No fue por el dinero. Muchas personas me habían mentido antes, pero nunca fueron personas a quien yo consideraba parte de mi familia. Y eso es lo que sentía por Gabo, era un hermano que me había traicionado por mucho tiempo, y yo siempre le había sido fiel.

El 20 de mayo de 2011 canté en La Feria de Guanajuato, en Guanajuato, México. Durante la presentación un fan me tiró una cerveza llena que pasó volando por mi cabeza y aterrizó en el centro del palenque. Mi hermano Juan estaba de pie a un lado del escenario y enloqueció. Cuando se trata de defender a su familia, Juan pierde todo el control. Fue tras el hombre y le partió la madre. Dos semanas más tarde, el video de la paliza se hizo público y comenzó la locura en los medios. Juan recibió mil amenazas de muerte. Dos semanas antes de ese incidente una fan me había lanzado una lata de cerveza. La subí al escenario y la bañe de cerveza. Me criticaron por eso como no tienes idea. No estoy diciendo que yo tuviera razón, pero cuando un bote de cerveza viene volando hacia ti en el escenario, ¿cómo no vas a perder la cabeza?

La gente decía que los Rivera éramos unos asesinos y que íbamos a México sólo para llenarnos los bolsillos de dinero y humillar a los fans. Estaba asustada, pensé que iba a perder a mis admiradores. Tuvimos una conferencia de prensa el 7 de junio, donde le pedí disculpas a mis fans y les dije lo importantes que eran para mí. Admití mis errores y acepté toda culpa. Sabía que Juan había cometido un error, pero él era mi hermano menor, mi Carita de Ángel, y yo siempre lo iba a apoyar.

La semana después, el 16 y el 17 de junio, tenía dos conciertos seguiditos en el prestigioso Auditorio Nacional en la Ciudad de México. Tenía miedo de que nadie asistiera. Una vez más, a pesar de todas mis fallas, todos mis defectos, mis fans llegaron a verme. Los boletos se agotaron las dos noches. Mis fans me levantaron cuando yo sentía que estaba en el suelo, me apoyaron cuando me estaba criticando a mí misma con tanta dureza. Me dieron amor del cual yo no me sentí digna.

El 29 de julio de 2011 di otro concierto en Reynosa, México, una ciudad conocida por sus carteles de droga. Unos días antes recibí una llamada telefónica de un representante del FBI diciéndome que no me presentara a cantar.

—¿Por qué no? —le pregunté.

—Porque tenemos un informante dentro de un cartel y están planeando secuestrarte.

Pensé que era una broma. Cualquiera se podía hacer pasar por un agente del FBI para decirme eso. Pero el agente del FBI me dejó un número de teléfono y lo marqué. Un agente del FBI en San Diego respondió. «Ay cabrón», pensé, «esto es de verdad». Llamé a mi hermano Juan para ver si podía conseguir que algunos de sus amigos en México me dieran protección.

Me llamó media hora después:

—Hablé con el mero mero de allí. Nada va a suceder.

Todos estábamos todavía preocupados y nerviosos. Mi banda ya estaba en México esperando a que yo llegara. Pero la banda le dijo a los promotores que no iban a hacer el concierto, por lo que los promotores secuestraron a dos de mis empleados y exigieron que yo me presentara.

Esa noche un huracán pasó por Texas y aterrizó en la ciudad de México. Era la excusa perfecta para cancelar mi presentación, pero a las 7:00 pm el aeropuerto se volvió abrir. Juan manejó a mi casa y me rogó que no fuera.

—Tengo que ir —le dije—. Si no voy, después vendrán por mí o por ti o Lupe. No los podemos dejar que piensen que tenemos miedo.

Meses antes, cuando nos habían dado otro susto durante uno de mis conciertos en México, mis fans comenzaron a irse. Así que les dije:

—Me pagan para cantar, no para correr. Quédense aquí conmigo.

Me sentía de la misma manera en ese momento. Yo no iba a correr. No iba a dejarme intimidar.

—Si vas, yo voy contigo —me dijo Juan.

—Hermano, no. Tú quédate aquí.

—No, Chay, yo voy —me dijo con lágrimas en los ojos.

—No te lo estoy pidiendo, Juan, te lo estoy diciendo. Si algo me pasa a mí, tú eres el único que puede hacerse cargo de mis cosas. Me voy a llevar a Esteban. Ya sabes dónde está el dinero. Y, hermano, si me pasa algo, quiero un ataúd rojo con mariposas.

Volé de Van Nuys, una ciudad cerca de Los Ángeles, a McAllen, Texas con mi equipo, entre ellos mi asistente Julie, mi maquillista

Jacob, y mi segundo asistente, Vaquero. Tocamos música por todo el vuelo, canciones que yo misma había escogido, pero la que más escuchamos fue «Cuando muere una dama». Teníamos prisa así que Jacob empezó a ponerme el maquillaje y Julie me arregló el cabello. Escuchamos "Cuando muere una dama» una y otra vez.

Cuando aterrizamos, había catorce Hummers de la infantería de marina esperándonos. Cuando bajamos del avión, Jacob, Julie y yo empezamos a llorar. Vaquero estaba en estado de shock y no pudo decir nada. Les dije a Jacob y a Vaquero que me podían esperar en el hotel. A Julie no le di esa opción porque sabía que ella no se separaría de mi lado.

Nos metimos al carro y los Hummers nos rodearon y nos acompañaron desde la frontera hasta el sitio de mi concierto. Nunca me había sentido tan tensa. Cuando llegamos, el lugar estaba rodeado por más Hummers y tanques militares y había soldados en cada puerta. Teníamos la protección del gobierno, el ejército y la policía.

Esa noche canté para escapar de mis pensamientos. Canté durante horas y me bebí los tragos de tequila que mis fans me ofrecieron, tal como lo hago en cada una de mis presentaciones. Ese día creo que tomé un poco más tequila que de costumbre.

Después de que salí del escenario, fui escoltada de regreso a los Hummers de la marina que me estaban esperando. Nos dirigimos de nuevo a la frontera de la misma manera en la que llegamos, rodeados de una caravana de la marina. Estaba tan nerviosa que casi me cagaba.

Una vez que cruzamos de regreso a Texas, todos pudimos finalmente respirar normalmente otra vez. Pero esta experiencia me puso a pensar que tal vez iba a tener que dejar este tipo de vida. Ya no podría vivir así por más tiempo. Pero claro, no sabía cómo salirme de ella.

El 26 de julio de 2011, me presentaron con una estrella en el Paseo de la Fama en mi vieja escuela Long Beach Poly High. Desde que empecé a grabar mi música en 1993, he recibido muchos premios y aprecio cada uno de ellos. Pero recibir este reconocimiento en el lugar donde todo empezó fue increíblemente especial. Siempre me he sentido tan orgullosa de ser de Long Beach y de haber asistido a la escuela conocida como «la casa de los estudiosos y los campeones».

Aún lamento que solo pude asistir a esa escuela unos meses porque quedé embarazada. Cuando me fui de Poly a los quince años me sentí tan decepcionada, pero ahora, veintisiete años después esa misma escuela me estaba reconociendo por mis logros. Esa estrella en el Paseo de la Fama fue para mí el máximo honor.

El 3 de septiembre de 2011 finalmente llegué al Staples Center, el objetivo final de la escena musical de Los Ángeles. El lugar en el que prometí que me jubilaría después de cantar en él. Fui la primera artista femenina de música regional que se presentó ahí. Lo curioso era que yo había trabajado muy duro para llegar a esa etapa y soñaba con lo maravilloso que sería, pero en realidad no lo fue. El lugar era demasiado grande, por lo que no tenía la intimidad del Gibson o del Kodak. Sentía lo mismo cuando cantaba en el Auditorio Nacional en la Ciudad de México. Aunque ganaba mucho más dinero cantando en los escenarios de esos dos lugares, yo prefería cantar en teatros más pequeños y en palenques. Al año siguiente hice dos conciertos seguidos en el Gibson en vez de un concierto grande en el Staples Center.

En octubre de 2011 lancé un programa de radio llamado «Contacto Directo con Jenni Rivera». Estaba cansada de ser tratada como un peón de los medios y seguir escuchando todas las mentiras y chismes sobre mí. Vi el programa como una oportunidad para comunicarme directamente con mis fans, compartiendo mis anuncios y noticias, o teniendo conversaciones con ellos. Quería hablarles de problemas verdaderos y ofrecerles ayuda o consejos con base en mis propias experiencias.

Le pedí a Rosie que se presentara conmigo, pero ella no estaba segura de poder hacer un buen trabajo ya que pensaba que era aburrida y que no tenía nada de qué hablar, pero finalmente la convencí. Todo lo que teníamos que hacer era ser nosotras mismas. Hablamos en la radio de la misma manera en que hablábamos en casa. Estábamos en vivo desde un estudio por cuatro horas cada miércoles. Los ejecutivos me dijeron que no habláramos de dos cosas: política y religión. Así que de todos modos hablamos libremente sobre esos dos temas que yo sé que afectan a mi gente. No iba a dejar que me dijeran de lo que podía o no podía hablar. Iba a hablar de cualquier cosa que interesara a mis fans, y ellos me lo agradecieron escuchándome semana tras semana.

Empezamos en trece mercados. A los pocos meses estuvimos en cuarenta mercados, y para el final del año en cincuenta y siete. Estaba convencida, más que nunca, de que yo quería tener mi propio programa de entrevistas.

Aunque me prometí que iba a tomar la vida con más calma en 2012, ¡estaba más ocupada que nunca! No sólo tenía conciertos cada fin de semana, tenía el programa de telerealidad, el programa en la radio, una tienda que estaba planeando abrir y un camión de tacos que estaba por lanzar. También estaba tomando clases de actuación y participé como juez en el programa *La Voz... México*. Esteban iba conmigo a donde quiera que yo fuera. Aunque por una parte me gustaba tener un compañero a mi lado y me gustaba que él se hiciera cargo de mí, de repente también me sentía sofocada. Cuando le decía que necesitaba mi espacio, él se aburría y se iba a comprarme algo. Llegaba a casa con su carro lleno de bolsas y todos en la familia salían a ayudarle a meter las bolsas en la casa. Me empecé a dar cuenta de que tal vez Esteban tenía problemas para manejar su dinero, pero si andar de compras lo hacía feliz y evitaba que me estorbara, ¿qué chingados me importaba lo que él hiciera con su dinero?

Cuando el verano llegó, había un montón de cosas que estaban pasando al mismo tiempo, pero la más importante fue que la novia de Mikey, Drea, estaba a punto de tener un hijo, mi segundo nieto. El 26 de agosto de 2012, fui a México por unos días para grabar *La Voz....* Le dije a Drea:

—¡No vayas a tener a esa criatura hasta que yo vuelva!

Pero la niña tenía sus propios planes. Mientras estaba sentada en mi silla de juez el 28 de agosto, estaba mirando mi celular para ver si había noticias. Durante un descanso me llegó una foto por texto. Así conocí a mi preciosa segunda nieta, Luna Amira. Estaba triste por no haber podido estar allí para darle la bienvenida al mundo, pero también estaba muy emocionada de llegar a casa para conocer a otra princesa a quien podría mimar y enseñarle la canción «Big-Booty...».

23

La mariposa de barrio

Ya me canso de llorar y no amanece.
Ya no sé si maldecirte o por ti rezar...
—De «Paloma negra»

En 2011 recibí una llamada del Padrino Hispano de Hollywood, Edward James Olmos.

—Necesito que me hagas un gran favor —dijo—. Quiero que trabajes conmigo en una película. Te voy a enviar el guión y me dices si te gusta.

Me explicó que quería que interpretara el papel de María, una madre drogadicta que está en la cárcel. La película se llamaba *Filly Brown* y contaba la historia de una joven rapera latina que está luchando para triunfar en ese mundo. No necesité leer el guión para dar el sí. El hecho de que Edward James Olmos viera algo en mí que yo no veía en mí misma era razón suficiente para que yo le entrara.

Al igual que con todo lo que hago, no iba a hacerlo a medias. Si lo iba a hacer, le iba a echar todas las ganas y dar lo mejor de mí. Me entrené con un profesor de actuación y ensayé con mis compañeros de reparto durante todo el mes previo a la filmación. Estaba rodeada de un talento increíble y generoso. Me encantó estar en ese elenco. Había un ambiente muy especial y un lindo compañerismo entre los actores y el equipo, a quienes, por cierto, les estaban pagando muy poquito por participar en esta pequeña película independiente. A mí me estaban pagando 1.000 dólares.

Durante los descansos en el set yo platicaba con los otros actores y con los camarógrafos. Había un fotógrafo con el que platiqué un rato y me enteré de que a él no le estaban pagando nada y que su esposa sufría de cáncer. Necesitaba el dinero más que yo así que le dije a la producción que le dieran mi cheque a él.

Yo no le entré a esto por el dinero; dije desde el principio que lo haría gratis y cumplí mi palabra. Tampoco le entré porque quisiera el glamour —mi personaje era una mujer drogadicta que estaba en la cárcel, así que te puedes imaginar que en la película yo no iba a salir con maquillaje y ropa bonita—. Entré porque Edward James Olmos me lo había pedido, porque una vez que leí el guión me encantó la historia y porque quería demostrarme a mí misma que podía. Sobre todo, quería que mis hijos estuvieran orgullosos de mí. Quería que me pudieran ver en la pantalla grande y algún día decir:

—Esa es mi mamá. ¿Acaso no es la mejor?

Yo nunca pensé en ser actriz, pero pues tampoco había pensado en ser cantante, ¡y mira dónde estoy ahora! Unos meses después de que terminamos la película el mundo de la actuación me llamó una vez más.

En septiembre de 2012 mi representante planeó unas reuniones con grandes ejecutivos de las empresas de Fox, CBS, NBC y ABC. Ellos estaban interesados en hacer una teleserie basada más o menos en mi vida y donde yo sería la protagonista. No podía creer que estos ejecutivos me quisieran conocer —y mucho menos que quisieran trabajar conmigo—. Yo no quería emocionarme tanto, pero pensé que esta sería una buena oportunidad para dejar de dar conciertos y viajar tanto. Finalmente podría quedarme en casa con mis hijos los fines de semana.

Sentí que algo estaba cambiando en mi vida para bien. No sólo tenía citas planeadas con los ejecutivos de la televisión, sino también se me había presentado la oportunidad de hacer una temporada de presentaciones en Las Vegas. La primera vez que se lo ofrecían a una cantante de música regional mexicana. Me imaginé que podía grabar la teleserie, hacer las presentaciones en Las Vegas y luego tal vez viajar una o dos veces al mes para dar conciertos en México. Esto me permitiría contar con más tiempo para estar en casa con mis hijos, que es todo lo que yo quería.

Jacqie se casó el 19 de septiembre de 2012, y fue uno de los días más felices de mi vida. Me tocó caminarla al altar, como su padre que siempre fui, y recuerdo que me sentí llena de una paz hermosa. Tenía a mis cinco hijos maravillosos a mi alrededor, a mis dos nietas hermosas y a un hombre bueno a mi lado. Pensé que no podía pedir nada más.

Pero el 21 de septiembre, todo se fue a la mierda. Esteban me mintió acerca de alguien a quien él había llamado y cuando le señalé la mentira, lo negó. Dos días más tarde toqué el tema otra vez.

—Sólo dime la verdad —le dije—. Ya lo sé, así que admítelo.

Pero todavía lo siguió negando. Estaba tan encabronada que le dije que se fuera de la casa por unos días hasta que yo me calmara un poco. Empacó una bolsa y se fue con su madre a San Diego. Le dije que lo llamaría cuando estuviera lista para hablar. Mientras lo miraba alejarse, tenía un mal presentimiento. Algo no estaba bien.

Al día siguiente descubrí aún más mentiras y engaños. «¡Hasta aquí llegué!», me dije. Yo le había advertido tantas veces que no podía soportar más mentirosos y que no quería más mentiras. Y cuando digo algo, no me rajo.

Esteban me seguía llamando y enviando mensajes de texto para que lo dejara volver a la casa.

—Necesito más tiempo —le dije—. Dame unos días más.

El 1 de octubre estaba en la oficina de mi abogado, Manley Freid, una vez más. Rosie vino conmigo. Para entonces ya había tomado una decisión.

—Estoy ganando un montón de dinero contigo, jovencita. Me puedo ganar la vida muy bien, nada más con el trabajo que hago para ti —me dijo Manley—. La próxima vez que pienses salir con alguien, tráemelo para que lo conozca, no se lo lleves a tu madre o a tu padre, tráemelo a mí. Veo que eres increíble en todo lo que haces, pero cuando se trata de los hombres... —entonces miró a Rosie y le preguntó—: ¿Acaso tu hermana no es muy mala para escoger hombres? Dile la verdad.

Rosie me miró y dijo:

—Creo que las dos somos así.

—No estaba preguntando por ti. Dile a ella que no sirve para eso —le respondió Manley.

Por supuesto que Rosie no pudo decírmelo.

Me puse triste cuando empezamos a dividir todas las pertenencias de Esteban y mías que no estaban protegidas por el acuerdo prenupcial que firmamos antes de casarnos. La buena noticia era que casi todo estaba protegido gracias a ese maravilloso documento. Bien que recuerdo que cuando Esteban tocó el tema sobre el acuerdo prenupcial antes de casarnos yo me había molestado, ahora le daba gracias a Dios por haberlo firmado.

—Manley —le pregunté—, ¿me voy a meter en problemas si agarro toda su ropa y la quemo en mi patio?

—No, no lo hagas. Su abogado te hará pagarle cada cosa que quemes.

—Ah, qué puta madre —le dije—. Bueno, al menos fue una boda hermosa, ¿no?

—Fue una boda hermosa —Rosie me aseguró.

—Un hermoso error. Nunca debí haberme casado con un hombre a quien yo no amaba apasionadamente. Un día voy a poner mi vestido de novia en un museo con una placa que diga: «USADO UNA VEZ, POR ERROR».

Este sería mi tercer divorcio. Le pedí a Pete Salgado que le entregara la petición, pero no antes de que yo tuviera la oportunidad de decirle sus verdades.

Le dije a Esteban que me encontraría con él en la casa de su madre en San Diego porque tenía preparado un álbum de fotos de nuestra boda para ella. El fotógrafo apenas me lo había entregado, y yo misma quería regalárselo a su mamá. Cuando llegué a su casa, Esteban no estaba allí todavía. Me senté junto a su madre a ver las fotos y hablamos de lo hermoso que había sido ese día. Luego llegó Esteban y me saludó diciendo:

—Hey, ¿hay algo que quieras decirme?

—No, ¿por qué?

Pero luego decidí decirle que yo sabía todo lo que había hecho. Le dije a su familia toda la verdad, con detalles que son demasiado horribles para admitir hasta por escrito. Su familia se enfureció, me insultó y dijo que yo era una mentirosa. Ya había dicho todo lo que tenía que decir, así que me puse de pie y caminé hacia la puerta, y todavía me seguían insultando. Al salir, Pete entró y le presentó a Esteban la petición de divorcio.

Mientras me alejaba de Esteban y regresaba a mi casa y a mis niños, me puse a escuchar mis propias canciones. Me di cuenta de que yo no había escrito estas canciones sólo para otras mujeres, las escribí para mí también. Había empezado a escribir canciones porque quería que el mundo supiera lo divino que es ser mujer y que no tiene nada de malo no tener una vida perfecta. Quería que la gente supiera que una puede ser bella a su manera, que una puede ser fuerte, educarse, luchar por tener su propia carrera. Y que ser una madre soltera no es algo para avergonzarse. Es un orgullo levantarse cada mañana, empujar a tus niños hacia adelante y vivir tu vida sólo por ellos. Quería que todo eso fuera reconocido y aceptado. Quería que las mujeres en todas partes pudieran decir:

—Oye, ¡yo puedo hacer esto!

«Yo puedo hacer esto», me repetía. Pero por dentro todavía me estaba desmoronando. Algo en este divorcio era diferente a los demás. Tal vez era que pensé que yo era más madura y más sabia, y que ya no dejaría que estas chingaderas me pasaran. O tal vez era porque Esteban fingió ser alguien que no era. Durante las próximas semanas me enteré de que había traicionado mi confianza de muchas otras maneras.

Lo único que quería en ese momento era a mi madre. Me dirigí a su vecindario y le di vueltas a su casa, pero no tuve el valor de entrar. Tenía mucho miedo de que me viera sufriendo así. Llamé a Rosie y le dije dónde estaba. Rosie vivía con mi madre, y las únicas personas con las que quería estar en ese momento eran ellas dos. Pero también tenía miedo de que vieran mi lado débil. Yo siempre había sido muy fuerte y ahora me sentía muy decaída.

—Entra a la casa —me dijo Rosie por teléfono.

—No quiero que me veas así, me vas a perder el respeto. Creo que esta situación me va a hacer pedazos.

—Nunca. Nada te va a destruir, eres inquebrantable. Entra, por favor.

—No quiero que mi amá me vea llorar. Tengo miedo de que cuando caiga en sus brazos nunca voy a parar de llorar.

—No te preocupes por mi mami. Ella es fuerte, puede con esto.

Le di la vuelta a la esquina una vez más y me dirigí a la casa de mi madre, pero al acercarme vi a una de sus amigas llegando, así que pasé por la casa sin parar y me dirigí a la autopista.

Al día siguiente recibí una llamada de Pete diciéndome que no una, sino las cuatro cadenas de televisión querían mi teleserie. Hace diez años yo andaba manejando por toda la ciudad entregando copias de mis canciones a estaciones de radio y una y otra vez me cerraron las puertas en las narices. Yo me había prometido que un día, la gente por fin le iba a tener fe a la niña rebelde de Long Beach. Mientras me abrí paso en mi carrera poco a poco, vi cómo mi promesa se cumplía. Pero nunca imaginé que cuatro de las televisoras más populares en inglés me ofrecerían la oportunidad de ser la primera mujer mexico-americana en estrenar su propia teleserie en los Estados Unidos. Esto era lo que buscaba. Cuando le conté a mi familia, yo todavía no lo podía creer. Dije con lágrimas en los ojos:

—Me quieren. Realmente me quieren.

Tres días más tarde tuve uno de los más bellos y alegres días de mi vida: el 6 de octubre le festejé a Jenicka su quinceañera. Le hice la fiesta de quinceañera que yo nunca tuve, con trescientos invitados en un hermoso salón en la ciudad de Montebello. Jenicka es la única hija que nunca me ha hecho llorar. Es increíblemente brillante, dulce, bella; es el tipo de persona que te hace sentir alegre cuando estás en su presencia. Ese día así fue como me sentí porque estábamos rodeados por mucho amor. En medio de uno de los períodos más tristes de mi vida, me recordó que Dios nunca se olvida de mí.

El miércoles 3 de octubre le di a mis fans la noticia de mi teleserie y de mi divorcio en mi programa de radio. No le iba a dar a los medios el control o el lujo de contar mi historia como se les antojara, lo iba a decir a mi manera. Decidí no dar los detalles de mi divorcio y lo único que dije fue:

—Los informes de la televisión y las noticias sobre la causa de la separación no son ciertas.

Admití que me habría gustado nunca haberme casado con Esteban y que él me había hecho algo tan terrible que yo no estaba dispuesta a permitirlo. Pero me negué a dar más detalles. Defender a Esteban sería una mentira. Decir la verdad sería algo horroroso.

Extrañaba a Esteban como a un compañero, pero gracias a Dios que no lo amé realmente. Si lo hubiera amado, sus traiciones me habrían hecho pedazos. Estaba triste y herida, pero como yo nunca le había entregado mi corazón, sabía que iba a sobrevivir esta traición.

Mi familia siempre pensó que ese matrimonio era para siempre.

—Tengo una trayectoria de ocho años —les decía.

Con Trino estuve ocho años, con Juan también estuve ocho años. Sabía que lo de Esteban no iba a durar para siempre, pero pensé que por lo menos íbamos a llegar a los ocho años.

Cuando estábamos pasando por los trámites del divorcio, me quité el anillo de bodas de diamante, pero seguí usando el anillo de compromiso de diamante negro.

—¿Por qué lo traes puesto todavía? —preguntó mi familia.

—Porque yo siempre supe que iba a ser viuda.

—Pero él no está muerto.

—Lo está para mí.

Quería subastar mis anillos de compromiso y de bodas para salvar la vida de mi amigo Chava. Él era un ex empleado mío y lo quería mucho. Chava tenía leucemia y necesitaba 200,000 dólares para un trasplante de médula ósea. Anuncié la subasta en mi programa de radio con mucha alegría y luego el abogado de Esteban le llamó a mi abogado y me dijo que no podía subastarlos. Todavía estaban negociando los detalles de nuestro divorcio y los anillos podrían pertenecerle a Esteban. Lloré mucho por no poder llevar a cabo esa subasta para Chava. No podía creer que Esteban pudiera hacer una cosa así, pero sólo me confirmó que él no era el hombre que yo creía que era.

El 3 de diciembre de 2012 le entregué una donación en cheque al Hospital de Niños en Los Ángeles. Yo llevaba un overol tan viejo que un seguro ero lo que lo sostenía. Estaba muy triste por todo lo que estaba pasando en mi vida, pero hacer esa donación fue lo único que me hizo sentir que yo todavía tenía un propósito en esta vida.

Cuando salí del hospital, sin pensarlo me dirigí al departamento de Fernando en Hollywood. Me estacioné frente al edificio en mi carro, pero no lo apagué. Me pregunté si debía llamarlo. No lo había visto desde que me casé con Esteban más de dos años atrás. Una vez superados nuestros problemas, Fernando era el único hombre con quien podía hablar de todas las chingaderas que me estaban pasando y sabía que no me iba a juzgar o hacer que me avergonzara de mis errores. Pero, lo más importante: él era el único hombre que nunca me había traicionado. Ese día quería recordar que sí existía un hombre así. Lo necesitaba.

Le marqué el celular, esperando que me contestara.

Tan pronto como lo oí decir «Hola» se me hizo un nudo en la garganta.

—¿Dónde estás? —le dije.

—En mi casa, ¿por qué?

—Qué bueno. Ven para afuera.

Se metió en mi carro y se sentó en el asiento del pasajero. Yo ya había empezado a llorar para entonces.

—¿Qué te pasa?

—Me estoy divorciando de Esteban.

Estoy segura de que ya lo sabía, gracias a su madre o a través de los medios. Pero no me preguntó qué había pasado ni por qué. En vez de eso, me hizo reír. Por supuesto.

Fuimos a comprar comida rápida y nos la comimos en la terraza de su edificio con vistas a las calles Hollywood y Highland. Le dije todo lo que estaba pasando, hasta el detalle más vergonzoso. Aunque él sabía que nunca debí haberme casado con Esteban, nunca me lo dijo. Sólo me dejó hablar. Se me acercó y me besó; me dio un beso dulce, suave y sincero. A veces eso es todo lo que necesitas de un hombre: algo sencillo de comer y un oído para escuchar todas las babosadas que traes en la cabeza.

Dos días más tarde fui a la estación de radio para hacer el programa semanal que tenía con Rosie. Ese día tuvimos a nuestro padre en el programa como invitado especial. Platicamos con él acerca de los «viejos tiempos», cuando estábamos viviendo en la pobreza en Long Beach. Recordamos esos sábados en el *swap meet*, la venta de los prendedores en los conciertos y durante los Juegos Olímpicos de 1984. Él nos contó de nuevo su travesía cuando se vino a los Estados Unidos y del hombre en la gasolinera en San Diego que le dio 20 dólares, un gesto bondadoso que le ayudó a hacer posible el resto de su vida, y la de nosotros también. Después del programa, Rosie y yo fuimos al *swap meet* para recordar los viejos tiempos y visitar ese mundo que nos ayudó a convertirnos en las personas que somos hoy en día.

Mientras caminábamos por los pasillos, hablamos de la oferta que los ejecutivos me dieron para la teleserie.

—¿Cómo es que esa gente que no me conoce puede ver algo en mí que es digno de ser amado, y los hombres más cercanos a mí no lo pueden ver? —le pregunté a Rosie.

—Un día vas a encontrar el amor —dijo—. Un amor verdadero y duradero.

—No se te olvide, hermana, que eso yo ya lo tengo en el escenario. Mis fans me dan ese amor.

A medida que recorrimos el camino donde acostumbrábamos correr entre los puestos de mis padres, me acordé de lo sencilla que fue mi niñez. Me acordé de los años en que no teníamos dinero y apenas podíamos sobrevivir, pero nos teníamos el uno al otro, y eso era todo lo que importaba. Todavía es lo único que me importa. Esperaba con ansias la Navidad ese año, quería que todos estuviéramos juntos otra vez, a pesar de los pleitos y las diferencias que a veces teníamos. Quería que cada miembro de la familia Rivera estuviera en el mismo lugar al mismo tiempo. Los necesitaba a todos. Siempre los necesitaría a todos. Entonces me volví a Rosie y le pregunté:

—¿Quieres comida china? Apuesto que tu criatura quiere comida china —lo que quería decir, y las dos bien lo sabíamos, era que yo quería comida china a pesar de que estaba a dieta.

—Sí, creo que mi *baby* quiere comida china —dijo Rosie. Ella sabía jugar este jueguito muy bien.

Pedimos comida china y comimos en mi carro en un estacionamiento vacío mientras hablamos por horas acerca de todo lo importante y no importante en la vida: el amor, el sexo, los hijos, los hombres, de un nuevo «Corredor», Dios, la música, recuerdos de la infancia, de nuestras borracheras y los sueños que aún estaban por venir.

El 9 de diciembre de 2012, después de dar un concierto en Monterrey, México, Jenni Rivera falleció en un trágico accidente aéreo con cuatro queridos miembros de su equipo: el abogado Mario Macías, el publicista Arturo Rivera, el maquillista Jacob Yebale y el estilista Jorge «Gigi» Sánchez. Jenni estuvo escribiendo esta autobiografía durante años, pero siempre se negó a dejar que se publicara porque no sabía cómo debería terminar. La verdad es que la historia de Jenni Rivera nunca debería tener un final. Al igual que con todas las verdaderas leyendas, la suya perdurará a través de los años. La gente contará la historia de la DIVA de la banda, la reina de reinas, la rebelde de Long Beach, la mariposa de barrio, la madre chingona que nunca dejó de ser inquebrantable.

MARIPOSA DE BARRIO

Aquí estoy vengo desde muy lejos,
el camino fue negro pero al fin ya triunfé
Me arrastré, viví todos los cambios,
y aunque venía llorando mis alas levanté.

Mariposa de barrio, la que vive cantando
La oruga ha transformado, su dolor en color
Mariposa de barrio que vuela del aplauso
Porque fue donde encontró el verdadero amor
Vive en los escenarios.

Tócame, soy como cualquier otra,
me conquista una rosa aun creo en el amor
Ahora estoy, entre luces hermosas,
mas cuando estaba sola, sé que Dios me cuidó

Mariposa de barrio que vuela del aplauso
Porque fue donde encontró el verdadero amor
Vive en los escenarios.

Porque fue donde encontró el verdadero amor,
mariposa de barrio.

＊

Todo lo PUEDO en Cristo que me FORTALECE.

—Filipenses 4:13

Agradecimientos

"*Thank you, God... and thank you my fans.* Gracias a ti, mi público, mi gente, gracias por tu cariño, por tu apoyo, por tu amor, por tú también ser parte de esta, mi vida loca". —Jenni Rivera, de «Mariposa de barrio»